日本文化の歳時記

宇田川 敬介

まえがき

あなたは日本を知っていますか？

この問いに、自信を持って「イエス」と答えられる人はどれくらいいるでしょうか。

グローバル社会といわれる中で、海外に行く人または日本国内で海外の人と会う人は、少なくなくなりました。日本の経済が好調なバブル期のように、観光旅行などという日本人の思いのままで外国人と付き合うというのではなく、日常的に、外国人労働者あるいは出張、ビジネスパートナー、もっと至近距離で、「ご近所さん」というような感じで、外国人が近くにいるようになりました。

もちろんそのことに関して、日本人の多くは歓迎しながら「違和感」を感じます。実はこの「違和感」こそ、「文化」ではないでしょうか。

文化というのは、知らず知らずのうちに、私たちの中に根付いているものです。実は毎日使っている言葉も、その言葉の流れで思考が動いていますし、環境や歴史、そして生活の中から様々に生まれてきます。生活様式が変化すれば、言葉も変化しそして文化も変わってきます。

例えば、今から十年前は「スマホ」などという単語は全くなかったのですが、今では、その単語も常識であるかのような感じです。当然「スマホ」を使った文化が新たに日本の中に根付いているということになります。しかし、その文化も日本特有のもので、当たり前でありながら「ほかの国と違う」ということがたくさんあるのです。

そのような中で、私たち日本人は日本を、そして私たちの文化や生活習慣を、まったく違う文化や生活環境の中から来た外国の方々に説明しなければなりません。違うということを認識することが最も重要なのであり、そのうえで、その違いをどのようにするかを考えなければならないのです。そのためには、自分たちの文化がどうしてこのようになったのか、伝統的に、歴史的に、どうしてこのような形になったのか、日常の中の何気ないことを、説明できるようにしなければなりません。

今回は、そのような中で十一の項目について、そのいわれと関連する内容を書いてみました。季節に合わせて、一つ一つを明らかにしてみたいと思います。

ではあらためて、**あなたは日本を知っていますか？**

自信がなくても、自分なりに「はい」と答えられるように。その一助として、この本をお役に立てていただければ幸いです。

なお、この場をお借りして、本書の出版にご尽力いただきました振学出版の荒木幹光社長、および牛久保圭一さま松浦優美子さまに感謝申し上げます。

目次

日本文化の歳時記

装丁・挿絵　小暮満寿雄

第一章　震災で見せた日本人の規律性と「社会の目」

一　東日本大震災

今年の三月十一日で、あの東日本大震災から二年の月日が経過します。東日本大震災は、未曾有の被害を出し、また、それに伴って発生した大津波によって多くの人の命が犠牲になりました。改めて、犠牲になられた方々のご冥福をお祈りするとともに、被害に遭われた方々にお見舞い申し上げます。（注）

さて、この津波の後、世界各国のマスコミは日本人の秩序に関して賞賛のコメントを多く発表しました。私が話をしたところ、多くの外国人記者は、たとえばハイチまたは中国の四川省、トルコなどの大地震の取材または北スマトラの大津波の被災地の取材を経験している人が少なくありませんでした。その記者たちは、「日本の被災地の取材でも、略奪などの被害に遭うと思って護身用の道具を持ってきた」と言うのです。福島第一原子力発電所の放射能漏洩事故が発生したために、当時放射能測定器が多く売れたのはニュースになりましたが、同時に外国人によって護身用の「警棒」または「スタンガン」なども多く売れたのです。しかし、多くの外国人記者たちは「無駄な投資でした」と言うのです。

日本人は、今回の震災に乗じて暴動を起こしたり、略奪をしたりということが極端に少なかったといいます。炊き出しや食料品の配給のときも、きちんと列を作り、割り込む人もいない。

配給の自分の順番をおとなしく待っている。自分の前で配給の食糧がなくなっても、多少の文句は言っても暴動につながることがないばかりか、その前でもらった人が配給を受けた食品を分けて与えるという姿は、外国人の記者から見て、すばらしいものに見えたそうです。

西暦八六九年、平安時代前期の清和天皇の治世で、ほぼ同じ場所で大震災と津波が発生しました。今に伝わる貞観《じょうがん》大地震です。貞観大地震は、広く東日本大震災と同じ規模で被害をもたらしたと推定されますが、当時の記録『日本三代実録』の記録は、現在の宮城県多賀城《たがじょう》市近辺の記録しか残されていません。当時東北はまだ「蝦夷」が支配し、大和朝廷の支配が及んでいない地域であったために、大和朝廷は陸奥国に多賀城を築き、その征討を行っているさなかでの地震であったのです。

清和天皇は、この震災においてすぐに詔《みことのり》を発布します。その内容は、

予に深い責がある。（責深在予）
民夷を問わず慰撫させる。（不論民夷　勤自臨撫）
被害の甚だしい者は、租調税を減免する。寡婦や孤児、自立できないものに手厚い支援をする。
（其被害太甚者　勿輸租調　鰥寡孤　窮不能自立者　在所斟量）

（　）内原文より抜粋

という内容であり、伊勢神宮に使者を遣わせて奉幣《ほうへい》し、神前にこの通り告文を捧げたのです。震災などの天災に遭遇したときの、日本人の心がこの詔の中に凝縮されているのではないでしょうか。第一章ではその解説と、東日本大震災における日本人の精神を考えてみましょう。

二　日本人と地震

地震の被害に対する日本人の考え方より前に、まず、日本人は地震をどのように考えているのでしょうか。古来、日本では「地中深くに大ナマズが存在し、その大ナマズが暴れることにより大地震が起きる」という俗説が信じられていました。江戸時代には安政の大地震を期に鯰絵《なまずえ》と呼ばれる錦絵が流行するなど、日本人にとって地震とナマズが身近な関係にあったことが窺えます。また、鹿島神宮にはこの大ナマズを抑えるという要石《かなめいし》があり、地震の守り神として信仰されています。地震避けの呪歌《まじないうた》に、『万葉集』の歌を使った

ゆるぐとも　よもや抜けじの　要石　鹿島の神の　あらむ限りは

「要石は動きはしても、まさか抜ける事はないだろう、武甕槌神《たけみかづち》がいる限りは」というものもあ

るほどです。

一方、日本で広く信仰されている仏教では、「三災七難《さんさいしちなん》」という言葉があります。為政者がまともな政治をしなければ、自然災害や疫病などの不幸が訪れて、その国に戒めを与えるというものです。地震はその「三災」の中の一つとされ、傲慢と不平が原因で起こされる自然災害であり、自然災害が起きるのを防ぐには戒《かい》・定《じょう》・慧《え》を勤修《ごんじゅ》し、三毒《さんどく》を息滅することが必要だと教えられています。

日本は「地震国」といわれるほど地震が多いのです。日本人は地震を日常の天候と同じような感覚で捉えていたのではないでしょうか。仏教のように「神々のお怒り」というものではなく、どちらかというと「ナマズ」という、日常にいる生物が暴れることで発生すると考えていたのです。まさに人間の寝返りのような感じでナマズが暴れることもありうるということになります。もちろん、仏教の考え方も入ってきているので、神々のお怒りで地震が起きるという考え方もあったと思いますが、やはり民間伝承で「ナマズが暴れると地震が起きる」という話が今も伝わるのは、日本人の性質の中にそのような感覚が存在するからであると思われます。

日本人は、多くが日本神道という日本固有の宗教観を持っています。基本的に日本人は森羅万象すべての現象や物品に「神が宿っている」と考えます。食べ物に関しては「食べられる」ということによって食べ物に宿る神が役割を終え、その生き物は次の生命の栄養となることで魂を浄化することになるのです。そのために「食べ物を残す」ということは、食べ物そのものを粗末にするだけではなく、食べ物となった食材の命や魂を粗末にしたということになり、同時にそこに宿る神々を粗末に扱ったということになるのです。

自然現象も同じで、さまざまな神々が自然現象に関係してきます。平安時代に編纂された『今昔物語集』の中には「雷に蹴り殺される」という表現があります。これは雷は「神が龍に乗って田畑に下りてくる」ということを意味しており、雷に当たるのは「神の乗った龍の足に蹴られた」ということを表していたのです。「蹴り殺された」というだけで今昔物語が成立していたのは、その認識が広く行き渡っていたということではないかと考えられるのです。このように自然現象の多くを神々の行動に関連するものとして認識し、その自然災害で犠牲になった方々は、「神々に選ばれた」というような発想をするようになったのです。

現在も、日本人の潜在意識の中には、「森羅万象に神が宿る」という発想があります。日本人は「宗教がない」と言いながらも、正月には初詣でお参りをし、何かあればお守りを身に着けます。不謹慎な言い方かもしれませんが、日本人の多くはキリスト教の神も、イスラム教の神も仏教の神もすべて「森羅万象の神々の一つ」というような感覚を持っています。それだけに、初詣に行きながら、クリスマスを楽しみ、葬式は仏教で行うというようなことが平然と行われるのです。

要石

さて、東日本大震災についても、さすがに現在の科学の世の中で「ナマズが暴れた」と本気で信じる人は少ないのかもしれません。しかし、地震が発生したという感覚やこの時期このときに発生したということ、また、犠牲になられた方と生き残った方の差など、科学だけでは説明がつかない部分に関しては、やはり、「身近にいる神々」の何らかの力が働いたということ、そして犠牲になられた方も「神に近い存在になって現在も見守っている」という感覚は、日本人特有の感覚なのかもしれません。

三　貞観地震での詔の効果

地震がこのように「身近な存在」であるということから、犠牲者が出たことに関しては悲しいですが、そのことをもって誰かを恨んだり、あるいは生きているものだけで略奪を働くということを考えないのが日本人なのです。そして、その日本人本来の考え方を呼び起こすきっかけとなったのが、清和天皇の詔の中に入っているのではないでしょうか。では、少し「詔」の重要な部分を見ながら、それを聞いた当時の日本人の心を想像してみましょう。

人は大きな災害に見舞われたとき、まず「自責の念」を持つものです。これは、日本人に限ったことではありません。自分の身近な人が亡くなった場合や、不幸に見舞われた場合は、まず、自分の行動から見直し、何かしてあげられることはなかったか、自分の行動に非がなかったかを省みるのです。日本人は、その性質が特に強くあります。そのようなときに、その「自責の念」から開放してくれる人がいると、人間はかなり楽になります。日本ではそのような苦しいときに宗教に入信する人が多いように、人間は弱いものですから、どうしても誰かに頼ったり、すがったりしたくなってしまうのです。

清和天皇の「予に深い責がある（責深在予）」というのは、まさに被災者のその心理状態に対して深く心に残るものではなかったのでしょうか。中国の四川省大震災のときも、温家宝首相はすぐに現地に視察に訪れました。これに対して、東日本大震災のとき菅直人首相は、ヘリコプターで上空から視察するだけで被災者に直接語り掛けませんでした。後になってそのことが非常に強い不満として多くの報道がされたことは記憶に新しいのではないでしょうか。

清和天皇はすぐに被災地に対して救済の手を差し伸べます。「被害の甚だしい者は、租調税を減免する。寡婦や孤児、自立できないものに手厚い支援をする。（其被害太甚者　勿輸租調　鰥寡孤　窮不能自立者　在所斟量）」というように、復興の手助けをします。千年前も同様の被害に対して、税の減免や生活自立のための支援を、日本の当時の為政者は大きな被災地に対して行ったのです。日本人の規律性や、日本人の秩序に関する意識ということもありますが、当時からさまざまな自然災害を経験している日本にとって、被災地に対して支援を行うというのはごく自然なことであり、何も略奪しなくても、また暴動を働かなくても、被災地において多くの人が助けてくれるという感覚は日本人の中に現在も存在するのではないでしょうか。

日本の言葉の中に「情けは人のためならず」という言葉があります。他人に情けをかけるのは、その人のためにならないなどという意味ではありません。「情け」要するに「さまざまな施しをする、または手助けをする」のは、将来または来世以降、自分が困ったときに、縁がある人の機会で、回りまわって自分が助けられることがあるということです。また「その縁があるからそのような機会に恵まれたのであり、他人との縁が自分を助けてくれることも非常に多くある。縁を大切にし、その縁が重要であるということを認識しなければなりません」という教えでもあります。

日本人は、さまざまなことに対して「縁」という言葉を使い、人と人のつながりを感じるようにできています。縁があるから、これだけ多くの人の中においてあなたと私が知り合うことができたということになるのです。そして「縁」が多いほど、その人はさまざまなことを経験し、ありがたいと感じるようになるのです。東日本大震災のときは、この「縁」という言葉ではなく「絆」という単語を使って人とのつながりの重要性をアピールし、日本に住む多くの人が被災地のために立ち上がったのは記憶に新しいところではないでしょうか。

その「縁」を重要視するということから、清和天皇は「民夷を問わず慰撫させる（不論民夷勤自臨撫)」という事を言っています。「縁が大切」ということに関していえば「袖振り合うも多生の縁」という言葉もあります。本当にこれだけの人がいるのです。特に外国の人なども多くいるのですから、その中で一瞬袖が触れ合うだけでも「来世・または前世など時間を越えて生きているときの縁」があるのかもしれないということもいわれ、縁を大切にすることを非常に重要視するようにしているのです。通行の最中に袖が触れ合っただけでもこのような縁があるという感覚があるのです。ましてや敵味方で戦う相手などは、時間を越えて深い因縁があるに違いありません。その内容はまさに、自然災害の前では日本人も何もなく、「人の命」というものに対して慰撫するというのは、ある意味で当然であり、敵だから何もしないなど差別的な感覚はなく接するということになるのです。

この清和天皇の詔の中には、まさに日本人の感覚が非常に良く表れていると考えられるのではないでしょうか。この詔が出たことによって、多賀城付近の被災地では戦争は一時休戦し、そして、施しを行うことによって、戦争によらず多くの人々が信服したといいます。また、敵味方関係なく、差別なく慰撫するという考え方は、今回の東日本大震災の中でもあり、工場で働いている中国人を助けて犠牲になった企業の人の美談が伝わり、中国国内では非常に強く印象に残ったといいます。まさに、日本人はこのような感覚を持って他人と接しているという最も良い例、そして、その日本人の性質が貞観という千年も前から残っているということが言えるのではないでしょうか。

四　日本人の地域社会と氏神様

日本人は、地震・大火災・台風・洪水・そして戦禍とさまざまな災禍に見舞われ、そして復興を遂げています。そのさまざまな被災の経験から立ち直った歴史を持っていることが、日本人の強みの一つであり、歴史と経験を持った民族とその伝承の力はかなり大きなものとして、今回の東日本大震災の中においても生かされてきました。「釜石の奇跡」と言われた「てんでんこ」が、もっとも有名になった伝承の力ではないでしょうか。「津波が来たらてんでんこ」というのは三陸地方の言い伝えの一つです。「てんでんこ」とは、ばらばらでも良いから一刻も早く高台に避難しろ、という意味であるといいます。このようなキャッチフレーズのような言い伝えで、釜石の小学校では被害者を一人も出さずに大きな効果が出たのは、日本だけでなく多くの「減災」の考え方の一つの模範例として語られています。

このような「地域による口頭伝承」は、何も政府によっていちいち指示されたわけではありませんし、また、学校の教育課程に記載されているわけでもありません。大昔から、日本人は家族の中で、または地域の中で昔の経験をした人から語り継がれてきたもの、それを次の世代が語り継いで伝えてきた、地域独特の内容なのです。この「口頭伝承」は、まさに地域社会が形成され、そして、その伝承がしっかりと根付いている地域において大きな力を発揮します。そこには政府や役所などとは関係のない「社会」が形成されているのです。

社会の形成は、当然に「口頭伝承」だけのものではなく、当然に「地域における人のつながり」にも深く関係があることになります。日常の生活における相談や、日々の助け合いなども、すべてこの「地域社会」において行われていましたし、また、ある程度の地方自治も地域社会の中においてできていたということが言えるのではないでしょうか。現在も、日本の多くの街で「町内会」や「〇〇町〇丁目自治会」などがあり、地域に自治会館などが存在するのは、まさにその名残とも、あるいはそのような自治制度が今も生きているともいえるのではないでしょうか。日本、いや日本に限ったことではありませんが、血縁を基にした集団以上に「地縁」を根底に据えたつながりがあったのです。

「遠くの親戚よりも近くの他人」ということわざがあります。その言葉は、何か困ったことがあるときに助け合いを行うのは、「遠くにいる血縁」よりも「近くにいる地域社会のメンバー」ということを言っています。遠くにいる親戚は、地域性やその土地の特性も理解していないし、また、その土地での生活に慣れているわけでもないということになります。何か困ったときも、当然に地域性に基づいて解決し助け合いが日常的に行われるという前提で考えれば、遠くの血縁よりもその土地の習慣や風習になれた地域の人を頼ったほうが良いということになります。

逆に村の人の絆を断つという意味では「村八分」という言葉もあります。これは、同じ地域社会の中でルールを守らない人、禁忌を犯した人に対して、その人を「村のメンバーとは認めない」ということで、制裁をするということです。「八分」とは、まさに「メンバーとしての関係の八割を行わない」ということであり、葬式の世話と火事の消火活動という、放置すると他の人間に迷惑のかかる場合以外の一切の交流を絶つことを意味しています。これが、地域社会において「制裁」ということが通用するくらい、地域社会の成立は日本人にとって重要なことであったといえるのです。

さてでは、これほど大事な「地域社会」は、どうやって形成されたのでしょうか。歴史的にみれば、弥生時代からできた稲作農耕において、血縁社会よりも土地で協力しなければならないため、その地域の農耕従事者が一緒になったということになっています。もちろんその側面もあるでしょう。しかし、それでは、都市部は昔でもあったわけですから「町会」のような地域社会は生まれないことになってしまいます。日本には、各地域に神社や祠があり、また「講《こう》」といわれる民間信仰の塚などが存在します。たとえば「富士講」などというと、その町の中の小高いところに富士山の石を持ってきてお供えし、「富士講」として、霊山である富士山に参拝したのと同じ効果があるとしていました。当然に、その富士講を行うのはその地域の人が中心でした。

そのような「講」がなくても、現在でも「氏神様」はいて、その氏神様を祀るお祭りは、最も多いのは秋ですが年間のどこかで行われることになります。神々と常に近くにいるという意識は、地震に関する日本人の感覚からすでに申し上げている通りで、何も非常事態や天災が発生したときだけでなく、日常のときからいつも神々とともにいるという感覚があるのです。そして、その氏神様が一つの単位になって、地域社会が形成されてゆくことになります。社務所や神社の境内などは、ある意味で地域の人々の憩いの場でもあり、また人が集まる場所、そして祭りの場所でもあれば会議の場所でもあったのです。まさに、ヨーロッパの都市の「噴水広場」のようなところであったと考えていただければイメージがわくのでしょうか。

そして、その氏神様をお祀りする「祭り」が、まさに村人が総出で行う一大行事であったのです。祭りはしきたりや過去の経験が必要であったために、自然と「長老」「ご隠居」と言われる人が、昔の経験やその地域の習慣、「しきたり」を伝え、そして、その内容を伝承してゆくのです。

神々と近くにいるという感覚は、神々を祀りながら、自分たちも楽しむというように「氏神様と一緒に行う」ということになります。そこで、お祭りでは「御神輿」といわれる神様の乗り物を地域の人々が担ぎ、その地域の中を練り歩きます。まさに、氏神様が輿に乗って地域社会の人々と一緒に街を見るという感じでしょうか。神と人間が一緒になって地域の良かったこと、たとえば豊穣や大漁を喜ぶということになります。氏神様にも酒や食事を供えるのは、一緒に祝うということが前提だからなのです。このようにして地域社会ができてゆき、今もその伝統や慣習はさまざまなところで残されているのです。

五　地域社会と氏神様と秩序

この地域社会、まさにこの氏神様を中心にした地域社会において、その町の慣習やその町の生活様式を中心にした習慣が、地域社会の中で根付いています。そして、その地域社会において「恥ずかしいこと」をすれば「社会そのものを壊す」行為になってしまうのです。

少し前までは「世間体」とか「社会の目」というものがありました。「世間体」も「社会の目」も似たような意味合いで、「社会的な視点からの自己のみなされ方」というような意味になります。しかし、実際に「社会」とは何なのかといえば、まさに、ここで見てきた「地域社会」そして、その中心にいる「氏神様」という感覚になるのではないでしょうか。それだけに、日本人の多くの人は、特に昔の人ほど、同じ価値観を持っており、同時に同じ感覚の倫理観や社会性をもっていることになるのです。

他人が困っているときに略奪をしない。または、困ったときはお互い様、などのさまざまな日本人の間にある言葉は、まさに、その社会性の中における倫理観が語られています。そして、地域性という意味では、三陸の「てんでんこ」のような内容が出てくることになるのです。

このように日本人は、自分たちの中で地域性を作り、その地域性の中において氏神様を中心にした社会を作り上げ、その社会の中において、氏神様を祀る地域の人々と、その地域に適合したさまざまな「知恵」や「習慣」「しきたり」を伝承することによって、その地域性を維持してきたのです。そしてその地域性こそが、「社会の目」という形で「他人の視点をした社会性」を持ちながら、自らが社会の中で恥ずかしいと思うこと、または倫理に悖《もと》ると思われることを自粛してきたのです。この感覚が、今回の東日本大震災の中においても生かされたのではないでしょうか。

まさに、外国のマスメディアから東日本大震災の際に絶賛された日本人の「規律性」「秩序」は、このようにしてできてきたのではないかと考えられるのです。

（注）　「今年」とは、執筆した二〇一三年を指す。

第二章　「サクラ」の花と日本人の美しさ

一　外国人観光客の言う日本の美しさ

私は、よく外国からいらっしゃるお客さまに「日本は美しい国」というほめ言葉をいただくことがあります。ここでいう「美しい」とは、さまざまな意味合いがあるのではないでしょうか。

一つには「伝統や文化の美」ということだと思います。たとえば、世界最古の木造建造物である法隆寺をはじめ、大きな戦乱の少なかった日本には、奈良京都を中心に古い神社仏閣が多く、それに伴った文化や芸術品も数多く残っています。現代の新しい建物や芸術品は、それは豪華でカラフルで、非常にすばらしい美しさがあります。しかし、日本の「伝統や文化の美」には、長い年月がなければ醸し出すことのできない「荘厳さ」「美しさ」、そしてそれを長年、何代にもわたって守ってきた日本人の心が、現在存在する芸術や文化の中に映し出されてきています。この「伝統や文化の美」は、もちろん他の国にも歴史のある建造物や史跡としてたくさんあります。しかし、日本独特の文化や様式の美しさは、日本にしか存在しないものなのです。

ほかの意味での「美しさ」もあります。よく言われるのが「秩序と規律の美」ということではないでしょうか。日本人の秩序と規律に関しては、前章でも詳しくお話ししました。しかし、現在日常的にそのような日本人の美しさを身近な部分で見ることができ、その内容が「美しい」と言われることがあります。前章では、震災の大変なときにも秩序だって列を作って配給を待つ被災者の皆さんの話を書きました。そのような非常事態のときでも、日本人は世界を感嘆させるくらいの秩序や規律性を重んじる部分があります。しかし、そのような非常時ではない、もっと身近な日常の部分にもそのようなところが見えるのです。たとえば、「道にごみが落ちていない」とか「自転車置き場の自転車が整然と並んでいる」など、われわれ日本人が毎日目にしていて「当たり前」と思うことが、外国の人々からは「整然として美しい」と感じられる部分があるようです。

外国の観光客の方にカメラを渡しておくと、さまざまなところにレンズを向けてシャッターを切っています。もちろん浅草の雷門など、観光名所などで記念撮影をするのは日本人も同じですが、日本人ならばなかなか写真を撮らないところで外国の方は撮影をしています。たとえば、公衆便所がきれいだったから、または、拝観をするときに下足を脱ぐが、その下足が整然と並んでいるからとか、または、公園のゴミ箱にゴミを捨てる子供の姿が自分の国では見ることができないなど、外国人が「美しい」と感じる日本人の行動は、「整然」「秩序」「清潔」というような単語であらわされる部分が少なくないような気がします。

しかし、なんといっても「日本が美しい」という言葉でもっとも強く言われるのは、「自然の美」ではないでしょうか。日本人にとっては当たり前になっていますが、日本は世界では珍しく「四季」のある風土を持っており、また、緑が多く、砂漠化したところの少ない、水の多い国土なのです。日本人にとっては当たり前のことが、外国から来た人々にとっては非常に美しく感じる。日本人がハワイなどでハイビスカスやオランダのチューリップを見て「日本にはない美しさ」を感じるように、外国のお客様は、日本に来て「自分の国にはない美しさ」を感じるのです。

日本の四季には四季折々の「色」があります。冬はやはり「雪の白」、そして春は「若芽の淡い緑」または「桜のピンク」、夏は抜けるような「空の青」、そして秋は「紅葉の赤」といった感じでしょうか。他の色を想像した方も少なくないかもしれません。しかし、日本人の場合、四季折々にその里の色を思い浮かべることができます。赤道直下など四季のない国ではなかなか感じることのできないものなのではないでしょうか。そして「色」を感じるだけでなく、その色から、さまざまなことを連想し、さまざまな事を感じることができる。それこそ、もっとも大きな日本人の財産なのかもしれません。

二　新たな季節の始まりである「春」

三月から四月にかけて、ちょうど日本は「花見」のシーズンになります。春の季節の「桜のピンク」は、まさに日本を代表する美しさであり、そして春の象徴的な色でもあります。

日本の場合、雪に閉ざされた里から徐々に若芽が芽吹き、そして梅の花の香りがほんのりとわれわれを包み、次に桃の花（まさに「桃色」の花）でひな祭りを祝い、そして桜が満開を迎えるということになります。東北や北海道では、雪の季節から一気に暖かくなるので、桃と桜が同時に咲いたりもしますが、それはそれで、東北の風情というものではないでしょうか。

しかし、梅・桃・桜と続く花でも、「花見」といえば「桜」です。日本人は花といえば桜という感覚が根付いています。他にも花はたくさんあるのに、桜は日本人には特別な感慨を持った花であるということができるのではないでしょうか。

日本人は「桜」が咲くと「春が来た」と思います。日本では季節の変わり目に「節分」があります。現在では二月の初め、立春の前日を節分というのですが、本来は、「季節の分け目」の日であるから節分になるのです。現在、二月の節分がことさら「節分」といわれるのは、江戸時代、町人文化が華やかな頃、新しい「春」を迎えるにあたって、「邪鬼を払い福を呼び込む」という一種の悪魔祓いのような儀式があったからです。

平安時代では、節分の行事は宮中での年中行事であり、「延喜式」では、彩色した土で作成した牛と童子の人形を大内裏の各門に飾っていました。その宮中儀式が江戸時代になって武士、そして町人の世界に降りてきます。すべての季節を行うのは難しいので、一年の春夏秋冬の新しい季節が始まる時である春の節分に、「鬼は外・福は内」と掛け声をかけて豆をまき、そして、柊の枝に鰯の頭を刺したものを、宮中の土人形の代わりに飾ったり、あるいは恵方巻きを食べたり、ということを行っていました。

では、なぜ「春の節分」だけが現在まで残ったのでしょうか。これは日本人が「稲作を中心にした農耕民族」であることが非常に大きく関係しています。日本人は古くから「何もないところ」に「種をまき、水をあげると芽が出る」と考えています。何もないところから新たなものが生まれることから、古代では「地母神信仰《ちぼしん》」が土着の信仰として根付きました。古代の儀式に使ったとされる「土偶」がほとんど女性を形作っているのは、その信仰心の現れであるとされています。

稲作やそのほかの植物に関しては、「春」が新たな芽の出る時期です。要するに「新たな命」の生まれる時期であり、その時期に、この新たな命がしっかりと育つように、そして実を結ぶように、春にはさまざまな儀式を行います。

日本人は、新しいことを始めるときに、そのことを神に報告し、そして良い結果が得られるように祈ります。初詣はまさに「新たな年の始まりに、一年無事に過ごせますように」ということですし、建物を建てるときの地鎮祭などは、「これからここに建物を建てるので、土地の神様にそのことを報告し、そして温かく見守ってほしい」ということを土地にいる神様に対してお祈りするのです。

その意味で、まさに「春」は新たな季節、新たな春夏秋冬が始まる季節であり、それまでの、すべてのもの（植物）が枯れてしまっている冬から、次の作付けが始まる時期ということになるのです。そのために、春の節分は特に重要とされていました。日本人のこのような「新たな季節の始まりに、福を呼び込む」という感覚は、町人の間にもすぐに理解されるようになり、現在に残ったのです。

なお、少々余談になりますが、収穫のときには豊穣祭があります。よくある「秋祭り」はほとんどがそれにあたります。そのときは「今年は豊作をありがとう、そして来年もよろしくお願いします」という神様への感謝の感覚を持っているのです。

三　春の花「梅」「桃」そして「桜」

このように、日本人は新たな季節の到来である「春」を待ち望み、厳しい冬の間を耐えていたのです。節分の後、まず花を咲かせるのが「梅」、次に三月のはじめ頃に花をつけるのが「桃」です。いずれも、日本を代表する花といって過言ではないでしょう。

梅といえば、すぐに思い起こされるのが平安時代の菅原道真です。身分の低いものが出世できない貴族社会の中において、清和天皇の実力主義で登用され、位を極めて左大臣にまでなるのですが、それまでの貴族にねたまれて、讒言《ざんげん》により大宰府に左遷されてしまい、その地で亡くなってしまいます。菅原道真が京の都を去るときに、彼が好きであった庭の梅に対して詠んだ歌は有名です。

東風吹かば　にほひおこせよ　梅の花　主《あるじ》なしとて　春を忘るな

この歌から、菅原道真の京都の邸宅であった、現在の北野天満宮から、大宰府まで梅が飛んできて根を下ろしたという「飛び梅」伝説もあるくらいです。奈良時代までは、「花」といえば、節分の後はじめに咲くこの「梅の花」でした。万葉集で「花」と書かれた和歌の多くは「梅の花」について詠まれたもので、桜の花について詠まれたものの三倍近くあります。

「桃の花」に関しては、何しろひな祭りを「桃の節句」というくらいです。日本では、それぞれの季節に、身の穢れを祓うという意味で「五節句」というものがありました。

人日《じんじつ》……陰暦正月七日「七草がゆ」
上巳《じょうし》……陰暦三月三日「桃の節句」
端午《たんご》……陰暦五月五日「端午の節句」
七夕《たなばた》……陰暦七月七日「七夕祭り」
重陽《ちょうよう》……陰暦九月九日「菊の節句」

がそれにあたります。平安時代、上巳の節句（桃の節句）の日に人々は野山に出て薬草を摘み、その薬草で体の穢れを祓って健康と厄除けを願いました。この行事が、後に宮中の紙の着せかえ人形で遊ぶ「ひいな遊び」と融合し、自分の災厄を代わりに引き受けさせた紙人形を川に流す「流し雛」へと発展してゆきます。そしてその後、武士の世の中、町人文化の中でも、高貴な生まれの女の子の厄除けと健康祈願のお祝いとしての「桃の節句」が、庶民の間にも定着していったのが「ひな祭り」です。そのお祝いは、桃の節句としてまさに桃の花の咲く頃に行い、春を祝うものとしてカラフルな菱餅や雛あられを飾るのです。カラフルなお菓子が「春」の訪れを人々に知らせる大きな祭りになったのです。

そして、春といえば「桜」です。『古今和歌集』に収録されている在原業平朝臣の詠んだ歌が、もっとも日本人の心をうまく表現しているのではないでしょうか。

世の中に　たえて桜の　なかりせば　春の心は　のどけからまし

奈良時代は、節分から最も先に咲く「梅」が花の代表でした。しかし、菅原道真が遣唐使を廃して、大陸の天平文化から徐々に国風文化が盛んになってくると、「花」といえば「桜」になってくるのです。嵯峨天皇は、ことさらに桜の花が好きで、盛大な花見を行ったということが伝わっていますし、平安末期の西行法師が、「花」すなわち桜を愛したことは有名で、特に

願はくは　花の下にて　春死なん　そのきさらぎの　望月のころ

の歌は、彼がその歌の通りに入寂《にゅうじゃく》したということも含めて、多くの人に知られているのです。桜は、周りに葉をつけることなく、桜の木一面がピンク色になるほど花が咲き誇ります。その美しさは、日本人だけでなく、外国の方も見ていただければすぐに理解できるでしょう。一面がピンク色になった満開の桜の花は、まさに日本の美しさの象徴であると言えるのではないでしょうか。

四　日本人の好きな桜の潔さ

そして、もう一つ、日本人がこの桜の花が好きなのは、「花の美しさ」が「長く続かない」ところなのかもしれません。在原業平朝臣の歌と同じ『古今和歌集』に、世界三大美女の一人に数えられる「小野小町」の歌があります。

花の色は　うつりにけりな　いたづらに　わが身世にふる　ながめせしまに

長雨を眺めている間という短い間に、花の色は色あせてしまったという歌です。まさにこの歌にあるように、花の美しい時期は一瞬で、その美しさを残すことなく、すぐに散ってしまう。逆の解釈をすると、「雨が降って止むまでの間くらい短い期間で、花が散ってしまう」ほどはかないのが桜の花、ということになるのです。

このことから、日本では古くは「女性」の代名詞として「桜」が使われました。小野小町の歌は、「花の色」というように桜の花のことを詠んでいるように見えますが、同時に、自分の女性としての美しさのことを詠んだ歌としても解釈されます。「花」＝「美しい」＝「女性」という、美しい、しかし、その美しさはある意味で一瞬で消えてしまうものということに、より一層の美しさを感じるのです。今しかない最高の美しさを感じるということは、まさに、桜にとっても人にとっても、最も良いことなのかもしれません。その瞬間の美しさを日本人は非常に大事にしているのです。

桜の花のはかなさは、さまざまな物語に書かれており『宇治拾遺物語集』の巻一の十三話「田舎の児《ちご》桜の散るを見て泣く事」では、比叡山の僧侶がそのことを示す話が出ています。

もちろん、「はかないからこそ美しい」という感覚は、ある意味日本人独特かもしれません。外国の人からは「もっと長い期間美しい花を見たい」と聞くこともあります。しかし、日本人は美しいものをあまりに長く見ていると飽きてしまう、一瞬の「旬」を味わうことこそ「粋」であるということを感じるもののようです。美しい花を待ち、暖かい春に恋焦がれて、寒い冬を耐えているからこそ、花の美しさはより一層引き立つものです。また、その花が今しかないと思うから、その花を目と心に焼き付けて美しい記憶の中にしまっておき、来年また新たな桜の花を見ることを待つことができるのです。あまり良い例ではありませんが、のどが渇いているのを我慢して、夜のカンパイのビールの、一口目ののど越しを楽しみに待っている気持ちを思い出していただければよいかもしれません。

逆に、どんなに美しくても、毎日同じ花ばかりでは飽きてきてしまいます。花を女性に例える風習のある日本ですから、花そのもののはかなさについてよりも、女性に関して、江戸時代

にはかなり不謹慎な話が残っているのです。江戸時代に流行した都都逸に

　　目についた　女房このごろ　鼻につき

というものがあります。江戸の風物詩などを注意深く見ていると、花見の時期にこの都都逸が歌われたという世相があったようです。それまでは恋焦がれ、毎日毎日その女性のことを思っていたのですが、いざ結婚して毎日同じ顔を見ていると、徐々に鼻について欠点が見えてくるようになる、というもの。まさに花も女性も「はかなく、美しい時期が短いこと」が重要なのかもしれません。

　花のはかなさで、もう一つ日本人が桜に例えるもの、それが「武士道」です。山本常朝《やまもとじょうちょう》の『葉隠《はがくれ》』には「武士道とは死ぬことと見つけたり」と書いてあります。このことから、すぐに「ハラキリ」などと短絡的に考える人が少なくないのですが、本来はそのような意味ではないのです。

　桜では開花のみならず、散ってゆく儚さや潔さも、その美しさの一つです。古くから桜は、諸行無常といった感覚にたとえられていますし、その、ぱっと咲き、さっと散る姿ははかない人生を投影する対象となってきました。まさに、「武士道」でいう「死ぬこと」と桜の「潔く散ること」が重なって、武士道と桜が結びつくことが非常に多くなり、武士の世界の中で、桜の

花のように生き る生き方が最も美しいとされたのです。
しかし、武士道と結びつけると、どうしても「散る」ことばかりに目がいってしまいます。しかし、そもそも「死ぬ」事は、「生きる」事があるから「死ぬ」ことになるということがおわかりになるでしょうか。江戸時代の国学者、本居宣長は日本人の精神性に関して

敷島の　大和心を　人問はば　朝日に匂ふ　山桜花

という歌を詠んであらわし、桜のそのような「美しい生き方」が日本人の精神の基調にあるとして紹介しています。そもそも、「死ぬことと見つけたり」とは、「死ぬ瞬間に、自分は後悔せず、誰にも恥じない生き方をしたか」ということ、そして、武士道の基本にある「死ぬときに、この世に未練を残すような先延ばしした生き方をせず、毎日精一杯生きてきたか」ということです。他の花も咲いては散るのですが、桜は、咲いているときは多くの人の目をひきつけ立派に咲き誇り、散るときがきたら、未練を残さずに潔く散る。本居宣長の歌に詠まれている「朝日に匂う」とは、まさに「控えめでもしっかりと良い影響を残す」ということに他ならないのではないでしょうか。

このように「散る」ということだけでなく、「咲いているときの美しさがあるからこそ、散り

小野小町

際の潔さがより一層はかなく、また咲いているときの美しさを際立たせるものだ」という考え方があり、女性、そして日本人の生き方そのものに大きな影響を与えたのが桜の花ということになるのではないでしょうか。

五　サクラは神様がいらっしゃるところ

では、「桜」はなぜ「サクラ」というのでしょうか。

日本では、稲の神様を「サ」といいます。ですから、稲を植える女性を「サ」「乙女」要するに「早乙女」といいますし、稲の神様のお食事は、「サ」の「餉（ケ）」で「サケ」、要するに「酒」といいます。よく神社などで使われる「サ」の「垣」を「サカキ」要するに「榊」を使って、神様と人間の住むところを分けているのをご覧になった方も少なくないのではないでしょうか。

さて、では神様は、里に下りてきたときにどこにいるのでしょうか。「サ」が座る場所「座」があります。天皇陛下が儀式を行う場所を「高御座」と書き「タカミクラ」と読みます。まさに「座」を「クラ」と読むのです。そこで「サ」の「クラ」で「桜」、要するに、神様がいらっしゃる場所として、「桜」があるのです。

春になると、さまざまな植物が芽吹きそして新たな命が生まれます。その新たな命は、神様によって与えられると考えられていました。その神様は、桜の木に「座って」しばらくいらっしゃり、桜が散る頃に、雪解け水のきれいな川沿いの土筆《つくし》などの若芽に命を吹き込むのです。神様の与えた命で、植物は強く育ってゆきます。そして、人々に恵みを与えてくれると考えられていたのです。

植物が育つ、もう一つの重要なものが水です。だから、神様がお休みになられるところは水辺が良いのです。それだけでなく、神様がいらっしゃった桜の花びらは、散って水辺に浮かびます。桜の花びらは、それまで神様が座っていたところですから、当然にきれいなはずです。つまり、水辺に桜を植えることによって、桜の花びらが散って水に浮かぶことによって、そこの水も浄化するということが考えられていたのです。神様が与えた命に、神様が座った花びらで浄化された水、まさに、日本の神様の力の結晶であるということになるのです。

春はこのように、日本においては神様が植物に新たな命を授けるときです。そして、その神様が里に下りてきて、厳しい冬を追いやり、暖かい太陽をつれてきます。その神様がいる場所が「桜」であり、そしてその神様のいる植物の美しさが「桜の花」ということになるのかもしれません。神様は忙しいので、すぐに次の場所に行ってしまいます。そのために、国生みの伝説のある高千穂を含む九州から、徐々に東に、そして北に移動してしまうのです。今の世の中で「桜前線」といっているものは、昔の「神様が通った道筋」ということになるのではないでしょうか。そして、桜の花が咲いているのを見て、昔の日本人は「神様」と「春」の訪れを感じていたのかもしれません。神様が宿る桜の花を見て、やはり体の中から新しい命を芽生えさせる女性を連想し、また、日本人全体の命や精神性までも感じていたのかもしれません。

日本で「花」といえば「桜」。まさにそのことは、日本のこのような伝統や文化、そして日本人の精神性からきている話なのかもしれません。

ただし、そのようなことをまったくわからなくても、満開の桜の花を見れば「きれいだ」「美しい」と思うのは、全世界共通の感覚なのかもしれません。桜のそのような意味を知っていることと知らないこと、そのようなことに関係なく、花の咲きようはまったく変わりません。日本の美しさの代表のひとつである「桜」について、たまにはこのような知識を持ちながら見てみるのも良いのではないでしょうか。

第三章　日本人がお客様に出すお茶と八十八夜の関係

一　ゴールデンウィークの節句

♪夏も近づく八十八夜　野にも山にも若葉が茂る
あれに見えるは茶摘みぢやないか　あかねだすきに菅《すげ》の笠

有名な文部省唱歌「茶摘み」の一番の歌詞です。四月の終わりから六月にかけて、お茶の畑では茶摘みの時期になりますが、お茶の中でも最も質のよいものとされているのが、「八十八夜」に摘まれたお茶であるとされているのです。この歌で歌われている八十八夜は、日本の雑節の一つで、立春を起算日として八十八日目、つまり、立春の八十七日後の日のことを言います。現在でいえば、平年ならば五月二日に当たる日が、「八十八夜」ということになります。

この時期になると、現在の日本ではゴールデンウィークという風習があり、長期の休みが取れる週ということになっています。日本国内では、この時期に長期の連休ということでどの観光地に行っても混みあっています。しかし、この時期にゴールデンウィークというようになったのは、最近のこと。ちょうど四月二十九日が天皇誕生日、五月三日が憲法記念日ということで、昭和になってから祝日が重なったものです。そのために、ここの期間の長期休暇ということに関しては、日本の古来の風習ではありません。日本では非常にめでたいことや喜ばしいことがあったときに「盆と正月が一緒に来たみたいだ」という表現をしますが、夏のお盆と正月の二つが日本の長期休暇であって、ゴールデンウィークは古来のものではないのです。

昔の日本でこの時期の話題になっていたのは、「八十八夜」と「端午の節句」です。簡単に端午の節句について触れておきますと、「端」は「はじめ」という意味で、「午」は「五」に通じることから、「端午」は毎月五日を指すようになりました。なかでも数字が重なる五月五日を端午の節句と呼びお祝いするとされたものです。季節柄「菖蒲の節句」とも言われ、日本では鎌倉時代に「菖蒲」が「尚武」につながるとして、男の子の成長を祝い健康を祈るようになったのです。また端午の日にはちまきや柏餅を食べる風習があります。ちまきを食べるのは、そもそも十二支のはじめである中国において、「午」を祝う風習があり、その風習にあわせて、中国戦国時代の楚の詩人屈原《くつげん》の命日である五月五日に、彼を慕う人々が彼が身を投げた汨羅江《べきらこう》にちまきを投げ入れて供養したことに由来するといいます。この人々が川にちまきを投げ入れたのは、詩人屈原の亡骸を魚が食べないようにするため、魚のえさとしたのではないかといわれているのです。

柏餅を食べる風習は日本独自のものです。柏餅を包むのに使われている柏は、新芽が出るまで古い葉が落ちないことから「家系が絶えない」縁起物として、家を重んじる日本において非常にありがたいとされていたのです。古代ではこのことから、柏の葉にご馳走を盛って神に捧げていました。そのために、柏の木は「神聖な木」とされ、神社などで手を打つことを「拍手《かしわで》」というようになったとも言われています。

男の子を祝う節句が「端午」であるというのも、また、その男の子を祝う節句そのものが「家系が絶えない」ということで柏餅を食べる習慣であるというのも、男系を重んじる古代からの日本の文化が垣間見られるところではないでしょうか。日本は、平安時代に「通い婚」という制度もあったことから、家を守るのは男系であるとされており、その伝統が、武士の世の中においてより一層濃くなったともいえるのではないでしょうか。

二　雑節八十八夜とお茶摘み

ゴールデンウィークのもう一つの節句が「八十八夜」です。八十八という漢字を一つに組み合わせると、「米」という漢字になります。八十八夜は、まさに農業に関係がある雑節なのです。この時期は、立春から数えて八十八夜で、あと少しすれば立夏と、夏に入る時期になります。しかし、なぜかこの時期になると急に寒くなり、ひどいところでは霜が降りるようになります。この時期の霜のことを「八十八夜の別れ霜」などといい、この時期が過ぎれば安定した温暖な季節になるということも意味していたのです。この春から夏へと変わる季節の変わり目に、急に霜が降りるほど寒くなる、このことで農業の従事者に注意を喚起する意味で「八十八夜」といわれていたのです。もちろん、これは宮中の生活とは全く関係が無い、農家の言い伝えです。そのために、「五節句」などというのではなく「雑節《ざっせつ》」という言い方をします。しかし、古代から農業を中心にしてきた日本の生活習慣の中で、八十八夜はかなり重要な「雑節」であったのです。

さて、お茶は一度でも霜に当たると駄目になってしまいます。そのため昔は藁をひき、霜を防いだようです。しかし、やはり植物ですから、逆に暖かいばかりでは味が散漫になってしまいます。人間と一緒で、普段は温暖で安定した中で育てながら、たまには霜が降りるほどではないですが寒い状態で寝かし、引き締まった味にするのが最も良いお茶とされています。特に「雑節」である八十八夜に摘んだお茶は、味や植物としてのものだけでなく、節句に摘まれたお茶として珍重されているのです。

農業中心の雑節とはいえ、今では文部省唱歌の「茶摘み」で有名なのが八十八夜。現在では、狭山市や京都の宇治市など、いわゆるお茶の名産地で、八十八夜には観光用のお茶摘み体験ができるところもたくさんあります。お茶摘みの服装といえば、和服に手ぬぐいでおかむりまたは菅の笠をし、そして茜色の襷というのが定番のスタイルです。唱歌の最後の一説でも「あかねだすきに菅の笠」と歌われています。茜は、昔の日本では止血剤として知られていました。

お茶摘みは、農業の田植えの時期の前に、近所の人にも手伝ってもらうものです。普段茶摘を専門にやるような人もいないので、当然に素人ばかりで行います。その素手の作業ですから、どうしても指先に怪我をしやすい作業です。木を素手で折るのですからどうしても怪我はしてしまいます。そこで、襷の茜成分を擦り込み、怪我をしたときにすぐに止血をしながら作業を継続するということのようです。茜の襷というのは、まさにこのような茶摘みのときの先人の知恵が隠れているのです。

では、この後はこの先人の知恵が詰まった「お茶」に関してみてゆきましょう。

三　日本人とお茶

お茶の原産地は中国といわれています。そのために中国では古くからお茶を飲む文化があったようです。原産地といわれている四川省あたりで喫茶が始まり普及したようですが、いつから始まったのかは記録がありません。

中国で喫茶が体系化したのは唐の時代といわれています。それ以前にもさまざまな本にお茶のことは書かれていますが、お茶そのものの薬効などについての検討がされているばかりで、お茶の飲み方ということはあまり解説がついていませんでした。そのような中、唐の陸羽《りくう》が初めてお茶に関することを記載したのです。陸羽は、銘茶を求めて中国国内の諸方を旅し、その中で各地方の茶人や文化人と交流した記録を『茶経《ちゃきょう》』という書に記しています。

陸羽の記した『茶経』の中には、お茶の飲み方または食べ方にさまざまなことが書かれています。この中で、散茶は、現在のお茶のようにお茶の葉を刈りとる葉茶をいうとされていますし、餅茶《びんちゃ》は乾燥した茶葉を圧搾して固形にしたもの、いわゆるブロック茶といわれるようなお茶の種類のことをいうといいます。末茶（抹茶）は餅茶を搗いて粉にしたものをお湯に溶かして飲むもので、現在の抹茶と同じような感じの飲み物です。中国の唐の時代は、この抹茶の飲み方がもっとも流行しているというようなこともいわれているのです。

また『茶経』の中には、産地によるお茶の品質も書かれています。もちろんこの品質に関しては、陸羽の主観ですが、それでも現在の日本のお茶の産地にも通じるところがあり、なかなか興味深く読むことができます。お茶は、野生のお茶が最も上であるとしています。畑栽培されたお茶は野生のお茶の次に品質が良いとされています。お茶を栽培する場合でも、陽崖（陽当たりの良い山の斜面）で陰林（適当に陰を作る林）にあるものがよいものとされ、また、お茶の葉に関しても、葉の色が緑よりも紫のもの、葉の形も笋のもの（タケノコの形をしたもの）、葉の巻いたものが最も上質であると書いています。そして中国全土で飲み歩いた中で、最高級のお茶は湖州顧渚山《こしゅうこしょ》の「紫笋茶《しじゅんちゃ》」と呼ばれたお茶であるとしています。

中国では、この陸羽の『茶経』の時期にお茶が全国的に広まり、西暦七七〇年（大暦五年）に、皇帝にお茶が献上されます。この後、唐代の役人は高級なお茶や珍しいお茶などを皇帝や中央の貴族に届けることが出世の一つの道具になり太湖沿岸の常州（現在の江蘇省宜興市）と湖州で産した陽羨茶は毎年長安の都に送られたといわれているのです。一方で、お茶の庶民化も進みました。献上するつもりで栽培しても品質の良い物ばかりができるとは限りません。質の悪いものを捨ててしまうのはもったいないので、お茶が庶民の間に広まるようになってきました。西暦七八二年（建中三年）、このお茶の普及から、初めてお茶への課税が行われるようになりました。お茶の葉の重さに対して課税をするというものです。その後税は廃止されたり復活したりを繰り返し、庶民への間接税の一つとなったのです。

隋から唐の時代にかけて、このように全国的にお茶が普及し始めました。日本は、聖徳太子の施策によって「遣隋使」が行われ、菅原道真が廃止するまでの期間中国に使者を派遣し文化を流入していました。ちょうどお茶が中国国内で普及した時代と同じになります。中国の政府から入れたのか、あるいは、遣隋使や遣唐使が途中の宿泊地や通りがかったところで珍しいと思って求めてきたのかはわかりません。しかし、この時期にお茶が日本にも伝わってきたのではないでしょうか。

四　天平文化とお茶の伝来

日本でも、すぐにお茶が広まりました。ときあたかも天平文化の時代。中国から渡来したものはすべて先進的なものであるといって尊重された時代です。日本は、積極的に外国の文化を取り入れ、模倣していた時代が三回あるといわれています。その最初が飛鳥時代から平安時代にかけての天平文化、二回目が明治維新の時のいわゆる文明開化、そして三回目が、戦後の復興期から高度経済成長になったときです。いずれも、海外から入ってくる物品を尊重し、まず海外にあるものをそのまま真似てみます。そして、徐々に自分たちの文化に近い、自分たちの生活習慣に合わせた内容に変えてゆくのです。日本の文化は、そのようにして形成されてきています。

その一回目である天平文化の時代、日本は仏教などの宗教、建築方法、政治の仕組みなど国民の統治機構から、食事、音楽、服装などの文化に関してもまったく同じ様に模倣します。ちょうど明治維新のときに、散切り頭にし、西洋の服装を真似て毎日ダンスを踊っていた鹿鳴館のようなものです。当然に、天平文化の時代の日本も、先進国である中国の文化や習慣を真似、その中にお茶の文化も入っていたのです。

『日本後紀』には、弘仁六年（八一五年）に、嵯峨天皇が近江国行幸に際し、その通り道で休憩場所であった梵釈寺《ぼんしゃくじ》の僧永忠《えいちゅう》が、嵯峨天皇行幸ご一行に際し、お茶を煎じて献上したと記されています。梵釈寺は、現在の滋賀県大津市にある寺で、そこの住職である永忠は、当時遣唐使と一緒に唐にわたり仏教の修行に行っていたようです。僧永忠が唐で三十五年間勉強し、また中国の最先端の文化や習慣を身につけて帰ってきたのです。僧永忠が帰国するのは八〇五年。僧永忠は、帰国するときにお茶の木の種子あるいは苗を持ち帰って、滋賀県の寺の近くで栽培していたのではないでしょうか。

嵯峨天皇は、このお茶のもてなしをいたく気に入って、行幸から京都に戻った後すぐに、畿内、近江、丹波、播磨の諸国に茶を植え、毎年献進するように、各国の国主に命じたのです。現在のお茶で有名な京都の宇治茶などは、まさにこのときが最初ではないのでしょうか。嵯峨天皇は、この後もお茶を気に入り、『凌雲集《りょううんしゅう》』の中には嵯峨天皇の御製として

詩を吟じては厭《いと》わず香茗《こうめい》を搗《つ》くを、興に乗じては偏《ひと》えに宜しく雅弾を聴くべし

との聯《れん》があるほどです。

嵯峨天皇の時代から天皇がお茶を喫するようになりました。当然に、貴族もお茶を喫するようになります。いくつかの記録の中には、貴族がお茶を喫するような歌や説話などの描写がそ

れほど多くはないですが、残っているものがあります。これは、文章を書くのは僧侶が多かったという事情があります。嵯峨天皇にお茶を献上した僧永忠のように、遣隋使や遣唐使では僧が仏教の修行として中国にわたることがほとんどでした。そしてその僧侶がお茶の種や苗を持ち帰り、そして寺の敷地内で栽培する事がほとんどです。このように、お茶そのものが栽培されるのは寺院領が中心であり、寺院にいる僧侶が貴族や天皇にお茶を献上するというのが普通でした。逆に、お茶そのものの飲み方やお茶に関する蘊蓄《うんちく》もすべて僧が中心に持っているということになります。このために、文字を書く人と、貴族と一緒にお茶を飲む人、そしてお茶を飲む貴族の事を文章に残す人が同じ僧侶であるということになるのです。

このようなお茶の流行は平安時代の中期まで続きました。お茶に関しては菅原道真も歌を詠んでいるほどでしたが、その菅原道真が遣唐使を廃止し、天平文化が廃れて国風文化になるのに従い、徐々にお茶そのものが貴族の間で尊重されなくなったのです。

五　栄西が伝えた「素朴なお茶」

日本でお茶が再度流行するためには、お茶が日本の文化に溶け込んで、日本独自の発展を遂げなければなりません。その契機を作ったのが、臨済宗の僧栄西がお茶の苗木を持ち帰ったことだったのです。

栄西は宋に渡り、素朴を尊ぶ禅寺での抹茶の飲み方を会得して帰ってきたのです。宋はそれまでに高級なお茶が珍重されるようになっていました。当時の宋では、嵯峨天皇のようにお茶の葉を搗いて飲むのではなく、茶葉を研《す》って粉にする研膏茶《けんこうちゃ》が皇帝への献上用のお茶として出されるようになり、それに竜脳《りゅうのう》、珍果《ちんか》、香草などを混ぜて香り付けしたお茶までが出てくるようになっていたのです。普通のお茶もそれにあわせて徐々に華やかになりました。逆に中国の寺院では最も素朴なお茶が尊ばれるようになったのです。宋ではお茶が贅沢品になり、一般に普及したために、お茶が政府の専売となり、税金がかけられるようになっていったのです。

この専売制は、宋の政府が財政上の足しにするということから、交易を発展させるようになりました。チベットやモンゴルの人々がお茶を中国から買うようになったのです。チベットやモンゴルの人は、海に面していないところで暮らしている上に、騎馬民族であるため、その生活習慣上、定住して果物などの栽培もできず、また肉食中心であるためにお茶の含むビタミンなどは重要な栄養素になったのです。そして、騎馬民族によって運ばれたお茶は、広くヨーロッパまで交易されるようになります。

後のことになりますが、東アジアに進出したイギリスやオランダは、中国からお茶を買うことを主たる目的にしていましたが、中国を相手に交易をするのは経費も大きくなり、また、植民地でもなく、有利な条件での交易ができないことから、東インド会社などを設立し、インドやセイロンでお茶の栽培を始めるようになるのです。

この交易の成果なども知った栄西は、日本にお茶を再度持ち込むときに「薬」として持ち込みます。『喫茶養生記』は、「茶は末代養生の仙薬、人倫延齢の妙術」（原漢文）という序文にはじまり、茶の生理学的薬効を説く日本最古のお茶の本です。この時期から、一般の人でも寺院に行くとお茶を出してもてなされるようになります。そして、日本では、栄西の伝えた素朴なお茶が主流となってくるのです。

栄西が伝えた時期には、まだ平安時代に遊びとして流行した「闘茶」という習慣も残っていました。これは、今で言う利き酒のような感じで、お茶を数種類入れて、そのお茶の産地や銘柄を当てるという遊びです。もちろん平安時代にはやっていたので、中国が元《もと》であると思われます。この「闘茶」の前後に料理などを食べて宴会をしました。現在でも残る「茶懐石」という料理のコースは、このときに食べられたものがはじめです。この「闘茶」も室町時代までは存在していました。しかし、栄西が伝えたのは宋の時代の寺院に伝わる素朴なお茶です。このお茶を伝えたのが臨済宗という寺院であったことから、中国とはまったく違う発展をしたのです。まさに「お茶の道を究める」というように、仏教の悟りを開くような形になっていったのです。

六　現在に伝わる日本人のお茶の心

臨済宗は、鎌倉時代そして室町時代に武士が帰依する寺院となりました。鎌倉五山や京都五山は有名ですし、室町時代に足利将軍家が建立した金閣寺も銀閣寺も臨済宗です。このように臨済宗は、武士の宗教であるかのように、日本では発展してゆきました。お茶もこの臨済宗と一緒に、禅宗の広まりと共に精神修養的な要素を強めていったのです。

闘茶がはやっていた時代に、村田珠光が茶会での博打や飲酒を禁止し、亭主と客との精神交流を重視する茶会のあり方を説くようになります。ここから「侘び茶」がはじまり、堺の町衆である武野紹鴎《たけのじょうおう》、その弟子の千利休によって安土桃山時代に完成されます。茶道そのものの奥の深さについては現在も伝わっていますので、皆さんもぜひ体験してみてはいかがでしょうか。

さて、茶道で最も有名な言葉は「侘び・寂び」という言葉です。「侘び」とは「簡素な様子」を表す言葉です。千利休は、接待でスイカを出してもらったときに、スイカに砂糖がかかっていたことをたいそう立腹したことがあるという逸話が残っています。当時砂糖は高級品ですから、接待した側は精一杯の接待をしたのでしょう。しかし「侘び」を重視する千利休は、簡素でそのままの形を重視するのです。そこで、砂糖をかけた華美な接待に立腹したというのです。「侘び」とはまさに、このようなことなのかもしれません。

また「寂び」とは「古びた様子」のことを言います。まさに、歴史や伝統を重んじるというのが寂びの心の中心ではないでしょうか。抹茶をいただきながら、人間の装飾をすべて脱ぎ捨て、自分の存在と歴史の深さと文化を噛み締めながら、その中において、主客だけでなく茶碗や掛け軸などと一体化し、茶事として進行するその時間自体が総合芸術とされるのです。

茶道というと抹茶のイメージですが、煎茶を使った煎茶道も江戸時代までは存在しました。そして、この煎茶をおもてなしのときにお出しするというのは、このお茶の歴史とお茶の持つ「主客一体」の考え方が大きく作用しているのではないでしょうか。

現在、食堂に入っても誰かの家に行っても、「お茶」が出てきます。日本人は、このようにお茶を出すことによって、「茶道」までいかないまでも「侘び」と「寂び」をあわせた日本人独特のおもてなしの心を表現しているのです。日本人は、お客様がいらっしゃることを非常に喜びます。そしてお茶を出すことによって、日本人は主客一体だけでなく、その地域やその店の歴史や伝統を重んじる心で接待するということを意味しているのです。もちろん、街の食堂でそこまで深い意味を感じている人はいないのかもしれません。しかし、お客様が来てあまり相手ができないときに「お茶をお出ししませんで」という謝罪の言葉を使います。まさにこれは、「十分な接待もしませんで申し訳ない」ということを伝えた言葉なのです。そして、「寂び」の表現しているお茶そのものの歴史と伝統は、ここに記載したように、日本においては中国から伝来したお茶が、日本独自の形で発展し、日本独自の文化として存在しているものになるのです。

そのおもてなしの心の最も高級なお茶は、この季節、八十八夜にお茶摘みをしたお茶なのです。ゴールデンウィークには休むばかりでなく、少しお茶でも飲みながら日本の伝統と歴史、そして物事の本質である簡素な心を楽しみながら、日本人の心を改めて感じてみてはいかがでしょうか。

第四章　日本人と「間」の切っても切れない関係

一　五月病とそれを許す日本人の社会

「五月病」という言葉を聞いたことがあるでしょうか。四月に新たな生活が始まって希望に満ち溢れ、がんばってスタートするのですが、五月、それも終わり頃になると、徐々に自分の頑張りが空回りに見えてきてしまい、そしてなんとなく無気力になってしまう状態のことを「五月病」といいます。春から夏になって、徐々にけだるい気候が日本を覆い尽くし、なんとなく仕事に慣れてきて、失敗も多くなります。日本全体の現象として使われる「五月病」という単語は、よくできた言葉ではないでしょうか。今では「鬱病」という言葉をすぐに使ってしまいますが、わざわざ本物の病名ではなく、自分たちの周囲に身近にある日常の単語に「病」「患」という言葉をつけて、少し異常な状態を表している。これが日本人の特有の文化ですね。「彼は鬱病です」と言ってしまうと、その人がずっと病気であるかのような感じになってしまいます。しかし、ある意味で社会生活の中でハンディキャップがあるかのように考えてしまう人もいます。しかし、「四月からもともとが張り切りすぎていたのですよ」という意味を含め「現在は五月病です」と言えば、単純に誰でも経験のある一過性の状態であるということがわかるのです。このほかにも「彼は恋煩いで仕事が手につかない」などと言えば、おせっかいな日本人は野次馬根性も含めて、「仕事に集中できるように」その恋煩いを何とか解決してあげようとするような人も出てきます。日本人はこのように、社会的な現象や個人の内容も、多くの「仲間」で共有することによって一つの社会を作ってきたのです。

逆にこのような社会であれば、本当に病気であっても、その病気であるというような感覚を取り去って誰とでもコミュニケーションをとるようになります。そのようなコミュニケーションの中で、集団で大きな力を発揮してきたのが日本の社会なのです。日本は歴史上、さまざまな困難に見舞われますが、この社会の集合体が全て克服し、そして明るく楽しい日本を作り上げてきたのです。

五月だからといって、いきなり五月病という不思議なところからはじめました。しかし、本来であれば五月病と関係のない社会的なベテランも、五月病を言い訳にしてなんとなく羽を伸ばしたくなる気候なのが皐月です。厳しい冬が去り、そして木々の若葉が茂ってくる時期であり、また梅雨の前で陽気も朗らかです。農業の世界ではちょうど田植えの時期で、社会全体が田楽踊りや田植え民謡を歌いながら、リズムに合わせて田植えを行います。厳しい冬から脱して、この朗らかな気候の中で「ゆとり」が生まれてくるのが、この季節の特徴です。そして、この「ゆとり」こそ、日本人の本当の強さの源ではないでしょうか。

最近では「ゆとり教育」が批判されていますが、実際に、それは「ゆとり」という単語の使い方そのものが問題なのであって、「ゆとり」そのものを否定しているのではありません。そう考えると、日本人の中にある「ゆとり」は、この季節となんらかの関係があるのかもしれません。

二　日本人の贅沢「ゆとり」

それでは、春になってくると出てくる「ゆとり」について考えてみましょう。「ゆとり」という言葉の語源は、さまざま言われていますが、その中の一つは「ゆったり」が短縮されたものであるとされています。では、その「ゆったり」とは「寛《ゆた》」（「豊か」と同じ）に「たり」となっています。ではその「ゆたか」とはどのような意味でしょうか。

【寛《ゆた》けし・豊けし】

一　（空間的に）ゆったりとしている。広々としている。
《万葉集・四三六二》「海原のゆたけき見つつ」（訳・海原が広々としているのを見ながら）

二　（気持ち・態度などに）ゆとりがある。おおらかだ。
《万葉集・一六一五》「ゆたけき君を思ふこのごろ」（訳・おおらかなあなたを

思うこのごろ）

三　（勢いなどが）盛大だ。

《源氏物語・若菜上》「最勝王経・金剛般若《ハンニャ》・寿命経《ズミヤウ》など、いとゆたけき御祈りなり」（訳・最勝王経・金剛般若経・寿命経など、たいそう盛大な御祈祷である）

古語辞典（学研）

ようするに、「ゆったりと広々としている様子」または「おおらかな様子」をさす言葉として、「ゆったり」という言葉ができ、その言葉から派生して「ゆとり」という言葉が出てきます。

そういえば、どことなく春になると、特に何かが変わったというものではなくても、気候的に「ゆったり」としてしまうものです。そのような時も、普段の狭い机や椅子ではなく、なんとなく空間的に広々としたところ、たとえば普段よりもゆったりとした広めのソファーや開放的なオープンカフェ、お父さんたちはそろそろ始まる屋上ビヤホール、あるいは、椅子なんか使わずに大の字に寝転がって芝生の上で過ごすというのは、なんとなく心にゆとりができる内容ではないでしょうか。また、この文章を読みながら、一足先にそのような「小さな贅沢」を楽しんで、そのことを思い出している方もいらっしゃるかもしれません。

この「ゆったり」に重要なものが「間」です。上記の古語辞典の中にも「空間」という言葉が使われていますが、「間」があることが非常に重要になるのです。ゆとりの中には「時間」「空間」「間合い」とさまざまな「間」があって、それを使って心が豊かになるように工夫しています。ある意味において、日本人が最も大事にしているものが「間」なのかもしれません。

よく外国の人が日本人のコミュニケーションについて困惑していることがあります。これらは、この「間」の理解ができない部分が少なからずあるのではないでしょうか。そして、この「間」を適宜に保つこと、それが最も贅沢な「ゆとり」になっているということのような感じがします。では、そのゆとりにつながる、そして日本人のコミュニケーションの中で最も複雑で理解が難しい「間」とはどのようなものなのでしょうか。

三　「ゆとり」の大切な要素「間」と日本人の精神

オリンピック、また最近ではサッカーのワールドカップなど、様々な世界的な競技の場面に日本人が出場します。その国の選手が優勝した時に、海外の応援席ではその喜びを全身で表すのに、男性同士で抱き合ったりして喜びを表現することがあります。誰かが声をかけるのではなく、自然と近くにいる人と抱き合って喜ぶ姿がテレビなどで映し出されることも少なくないのです。中には頬ずりをしたり、飛び上がったりして喜びを表現する人もいます。

しかし、日本人の場合は、そのようなことをする場面はほとんどありません。大阪の道頓堀に飛び込む人がいたのは数十年前に事件になりましたが、基本的には一人で喜びを表すことが普通になってきています。日本人の応援席で、よく映される映像は、選手の親御さんや親族などが、人知れず涙している場面などで、その映像が感動を呼ぶことが少なくありません。周囲の喜びの喧騒の中で、その家族だけが音が無くなったかのように涙して喜んでいる姿などは日本人の心に響くものがあります。

この喜びの表し方の違いこそ「間」の違いともいえるのではないでしょうか。海外の人は、スキンシップを行うことで特別な時を過ごす、特別な感情を示すということがあります。まさに知らない人同士で抱き合って喜びを表現するというのは、そのようなことではないでしょうか。これに対して、日本人は日本人のお互いの「間合い」というものを大切にする文化を持っているのではないでしょうか。今までの苦労が実って喜びを表現するときに、その間合いを取ってお互いの喜びを表現する、知らず知らずのうちにそのような文化をもっているのです。

日本人は、武士の文化が長く台頭して生活をしていたことがあります。「武士道」の精神から「刀は侍の魂」というように言われ、その刀の鞘が当たっただけで「無礼」として相手を討つことができるとされていたのです。貴族の世界でも、実際に近くによってじろじろ見ないというものがあります。今でも神社などでは、お参りする場所と、神様が実際にいらっしゃるお社とではかなり距離があるのです。位階級とその距離感というのは、そこの間合いによって大きく違うものになっていました。武士の世の中では、鞘が当たらない程度の距離、間合いが最も良いとされていたのではないでしょうか。

また、女性も同じ文化性を持っています。平安貴族の女性は、御簾で隠した座敷の中でさらに扇で顔を隠すということがあるのです。有名な『源氏物語』の中の「朝顔」の巻に、

「をかしげなる姿、頭《かしら》つきども、月に映えて、大きやかに馴れたるが、さまざまの衵《あこめ》乱れ着、帯しどけなき宿直《とのゐ》姿、なまめいたるに、こよなうあまれる髪の末、白きにはましてもてはやしたる、いとけざやかなり。小さきは、童《わらは》げてよろこび走るに、扇なども落して、うちとけ顔をかしげなり。」

という文があります。光源氏が雪の降った夜に御簾を上げさせてみたところ、女の子たちが庭で雪山を作って遊んでいる様を描いた部分です。女童が、雪の美しさと雪遊びの楽しさに、周りからみられることを恐れずに「扇なども落として」遊んでいる様を描いています。このような表現があるのは、まさに、扇で顔を隠すことの重要性がこの時代の根底にあり、その下においてそのような重要なことも忘れてしまうほど面白いということと、それを忘れて遊べるほど

女童が幼く可愛いということを表現したものです。現在ではそのまま通じない表現なのかもしれません。

このほかにも、伊勢物語の中には、牛車が揺れて御簾が落ち、一般の人に顔を見られてしまった女性が、そのまま寺に入って出家し、尼になってしまったというような話も読むことができます。

このように貴族の時代から、日本人は女性に対しては一定の距離だけでなく、その姿を見るということも、ある意味でタブー視されていたものであり、その感覚が、昭和の中期まで日本人女性の貞操感覚として根付いていたものなのです。

このように、日本人の場合はその歴史的な部分から、日本人独自の距離感、要するに「間合い」を保って付き合うということが最も重要とされていたのです。その「間合い」以上に近づけば精神的な緊張感が生じるし、相手の「間合い」を尊重して不用意に近づかないことが社会的に重要なエチケットにもなってきたわけです。そして、そういう目に見えない空間を重視する文化が続いたからこそ〝以心伝心〟というような独特の意思交流もありえたのでしょう。

四　女性と間合いを示す神話につながる理由

このように説明しても、いま一つはっきりしないのかもしれません。日本の武士が鞘が当たらない距離を「間合い」として重要視するのは、身を護るためとして理解できるかもしれません。しかし、それ以外の部分、特に女性が顔を見られただけで出家してしまうということは、現代ではなかなか理解できないかもしれません。イスラム教では、女性は肌をさらしてはいけないという戒律がありますが、それも、厳格な場所でなければ適用されないことがあります。現代、特に男女同権といわれる現代では、女性が顔を見られて出家するという事の理由をもう少しご紹介したいと思います。

日本の神話では、日本は伊邪那岐命《いざなぎのみこと》と伊邪那美命《いざなみのみこと》によって作られ、その後この二人による「神生み」の伝説があります。伊邪那岐と伊邪那美の間には日本を形作る多数の神々が生まれるのですが、そのときに伊邪那美が、火の神である迦具土神《かぐつちのかみ》を産んだために陰部に火傷を負って亡くなってしまいます。伊邪那岐は、伊邪那美に逢いたい気持ちを捨てきれず、黄泉国まで逢いに行きますが、腐敗して蛆《うじ》にたかられ、八雷神《やくさのいかづちがみ》に囲まれた伊邪那美の姿に恐れをなし逃げてきてしまいます。その後、伊邪那岐が黄泉国の穢《けが》れを落とすと様々な神が生まれ、最後に天照《あまてらす》・月読《つくよみ》・須佐之男《すさのお》の三貴子《みはしらのうずのみこ》が生まれるのです。

このような古事記の記述でわかるように、日本の神々は実は身から生まれてきてもいます。そして、その神々も死んでしまうと黄泉国に行くのです。黄泉の国に行った伊邪那岐命も、穢れを落とします。要するに、神様でも黄泉国は穢れているという感覚を持ちます。しかし、ここにあるように黄泉国は、この世と隔絶されている場所で、なおかつ、神々も生み、また神々も死後そこに行く場所なのです。

さて、伊邪那美命とおなじように、古来、人間の女性もその体の中に「黄泉国」につながる道があると信じられていました。日本では、何もないところから何かを生むのは、必ず黄泉国とつながっていると信じられていて、ある意味で畏れながら、ある意味で崇敬していたのです。卑弥呼をはじめとして、日本の神社には巫女がいます。この巫女がなぜ「女性」なのかというのは、女性には、物事を生み出す力があるとされているからですし、「処女」でなければならないのは、神社の神聖な場所に黄泉国の穢れが入り込まないようにするためとされています。

一方で、日本には森羅万象に神々がいるとしています。「言霊」という言葉を聞いたことがあるでしょうか。人間の話す言葉にも魂が存在して、一度発した言葉は魂を持って、生きてこの世の森羅万象に影響するとした考え方です。消えてしまう「言葉」にも魂が宿るのが日本です。当然に「視線」にも魂が宿り、そして力を与えます。つまり「見る」事は「知る」事に通じます。それは現在でも同じなのかもしれません。女性は肌を見られることが、そのままその内面まで知られてしまうこととして考えられており、その内面とは女性の胎内にある「黄泉国」を見られてしまったということになるのではないでしょうか。

そして、女性はそのことを見られてしまうと、その力を失ってしまうというように信じられていました。男性に見られるということは、黄泉国にいた伊邪那美命のように醜い姿をさらし、伊邪那岐命のように世の男性から穢れとして認識されてしまうために、黄泉国とつながっている道を閉ざされてしまうと考えられていたのです。

このことから、日本では高貴な人、これは天照大御神の子孫である天皇やその血筋にあたる人、そして、胎内に黄泉国を持った女性との間、つまり「黄泉国」に近しい人々との間には、必ず「秘密」がありそしてその秘密を知られないように「間」を保って、また直接見ないのが礼儀とされたのです。

ちなみに、昔は私室のことを「局《つぼね》」と言っていました。部屋の場所をさして、大奥などでは人をさす言葉になりました。春日の局などは人名として有名です。一方、公式の場所は「間」という単語を使いました。「謁見の間」などは「間」という同じ単語を使って「部屋」の意味になります。この区別は、まさに高貴な人との距離になります。局は私室ですので、距離を保つ必要はありませんが、間はあくまでも公式な場所などを指しますので、高貴な人と会うときは「間」が必要になるのです。ですから、公式に使う場所を「謁見の局」とは言いません。「局」

は密談などをするくらいの距離感になってしまうのです。このように、同じ部屋をさす言葉でも、「局」と「間」というように使い分けられているほど、日本人には「間合い」が重要ということになるのです。

五　「間」を保つために使われた日本人の知恵

日本人にとって「間」が必要ということは、よくわかるのではないでしょうか。逆に、日本人は「間」をうまく使った芸能に心を奪われます。たとえば、歌舞伎の「にらみ」です。歌舞伎のにらみとは市川団十郎にだけ伝わる秘儀です。実際に「技」としては、少し寄り目にして前をにらみ静止するだけで、誰にでもまねができます。しかし歌舞伎という演劇の中において、お囃子やそのほかの演技者と合わせた上で、グッとにらみを効かせて静止するというのは、他の共演者だけでなく、会場の観客も一体になって「間」を共有しないとできないことなのです。技そのものがそんなに難しくなく、子供もマネをしてしまうものなのかもしれませんが、しかし、その技にいたる会場の一体感や「間」が最も重要であり、なおかつその「間」を作る技術は超一流の歌舞伎役者にしかできないのです。

このほかに「行間を読む」などという言葉も、日本語の中にはあります。実際には何も書いていないことなのですが、書いてあることや話したこと、要するに表面にあらわれていることから、本当に言いたいことの内心を読み取って理解するという意味で使われます。相手との適切な間合いを保つために、本当に言いたいことを言わずに、少々遠まわしで言いたいことを包み隠すなどという文化が出来上がるのです。

時間でも「間」があります。急いでいて何とかがんばれば、次の「間合い」に「間に合う」のですが、その間合いをはずしてしまうと「間抜け」になってしまうのです。そして、時間や空間など全てにおいて、タイミングをはずしてしまうと「間が悪い」ということになります。他は何も悪くないし、タイミングよく行えば賞賛されることでも、タイミングがずれてしまうと全く同じ事をしても「間が悪い」という表現をするようになるのです。

このように、人と人の間、時と時の間、雰囲気と雰囲気の間などひとつの事を行うのにも「間」を計って物事を行うのが日本人です。これは建築にもっとも良く現れているのではないでしょうか。日本の建築は、壁などにあまり多く飾り物をせず素材そのものの味を生かし空間を造ることが最も良いとされています。素材そのものを生かし、狭い部屋をより広く見せて「間」を持たせる技術が日本にはあります。「借景」というもので、ふすまなどを薄く開いて外の景色と一体化させ、まさに部屋の中に外の風景の芸術品があるかのように見せる技術です。昔の建築は「借景」を行うために山の中などに家を立て、そのことを計算してふすまなどを設けています。現在も京都の清水寺や桂離宮などにそのような造りの建築を見ることができます。人と人だけでなく、日本人はこのようにして自然と人、空間と空間の間もうまく「間」を保って文化を育んできたのです。

六　国際感覚と日本的な文化の融合

このような「間」を重要にする感覚は、スキンシップを大事にする欧米の価値観とは適合せず、しばしば「日本は理解しにくい国」という批判を受ける場合があります。海外に行ってホテルのロビーなどに所狭しと、絵画や芸術品が飾られている光景にいると、どうしても日本人としては「ごちゃごちゃしている」という感覚になってしまうものであるし、スキンシップをしようとする外国人をみると、より一層警戒心が強くなってしまう日本人も少なくないのではないでしょうか。

日本人は、どうしても「間」を取ってしまいます。日本人的で好ましく、良いほうに解釈される場合も少なくありません。特に日本女性の慎ましやかな態度は、外国人男性から非常に好感を持って見られています。一方、同じ特性であっても、「わかりにくい」というような感覚になることも少なくありません。日本人と日本人の間でも、場合によっては家族の中でも「間」

を取ってしまう民族性の日本人。当然に、顔かたちも習慣も言語も違う外国人との間においては、より大きな「間」を取ってしまい、表面上親しげにしていても決して心を許さない、本音が見えづらいという評価もあるのです。

では、日本人はどのようにしたら良いのでしょうか。最近「グローバル化」などといって日本人が外国人化するような試みが多く見られます。会社の中で英語を公用語にしてみたり、労働環境を外国と同一にしてみたりするというものです。しかし、逆に外国人の観光客は、国によっては増加しています。一時東日本大震災や原子力発電所の事故の影響で観光客が減ったり、あるいは政治的な理由で来日者数が減った国もありますが、それでも、欧米各国からの観光客は非常に日本に満足して帰ります。企業でもそうで、たとえば、製造業でも日本の労働体系や雇用関係は海外でも非常に高く評価されていますし、小売業などでは日本の単品管理システムが世界で最も進んでいると評価され、多くの外国の小売業関係者が見学しに来日します。特に小売業では、「お客様のニーズに合わせた品揃えを行う」日本の管理システムは、まさに、日本の「間」を商売に活用した例として、世界の小売業の集まりで何回か紹介されているのです。

日本人の国際化は「相手と同化」することではなく、「相手との間合いを取りながら、自分の良いところを生かす」というのが日本人の本来の強みを生かした形であり、日本人の文化や精神に適合しているのではないでしょうか。「グローバル化の波」に対しても、少し「間」をおいて、それでいて「間に合う」ように日本人的なところを海外の良いところと融合させてゆく、そのように「ゆとり」を持って対処していただきたいものです。

五月、皐月の時、少し心に「ゆとり」があるので、間を縫って日本と世界のことを考えてはいかがでしょうか。

第五章　梅雨の長雨に考える日本語の持つイメージ

一　梅雨の季節に考える梅雨の語源

現在の日本において、六月は梅雨の季節です。梅雨というのは、毎日のように雨が降るイメージです。六月といえば「梅雨」「紫陽花」「蛙」というようなイメージになりますが、これはやはり日本独特のものではないでしょうか。雨が降るのは、世界各国どこも同じですが、その雨から出てくるイメージは各国や地域によって異なるようです。今回はその「雨」について少し考えてみましょう。まず、何よりもそのきっかけとなった「梅雨」の語源です。

梅雨というと、四季のある国日本独特の気象である、と考えられることが少なくありません。東南アジアなど熱帯などでは「乾季」と「雨季」という季節はありますが、そもそも春夏秋冬の四季がないので、春と夏の間の梅雨という時期をあまり感じることはありません。またその雨の降り方も、ちょうど夏の終わりの夕立のような降り方で、あまり情緒などを感じる余裕はありません。「ザー」という降り方は、シャワーか何かを浴びているようで、乾いた大地を潤すのではなく、何もなかったところに小さな川が流れるかのような天気ですね。

これに対して、日本の梅雨は、そもそもそれまでの乾いた大地というのが存在しません。最近は異常気象でそのようになっていないこともありますが、日本人の梅雨のイメージとしては「しとしと」と、毎日、土砂降りではない細かい雨が降るというものです。このような雨の降り方は日本だけではなく、中国と韓国にも同じ「梅雨」を意味する言葉があります。中国は「梅雨（メイユー）」といいますし、韓国では「長霖（チャンマ）」と呼んで同じような梅雨の雨の降り方をイメージします。

「梅雨」は実は中国で生まれた呼び名であり、その語源には、いくつかの説があります。一つはちょうど「梅の実が熟す頃に降る雨」という意味で、中国の長江流域では「梅雨《ばいう》」と呼んでいたという説です。現在でも梅雨入りのことを「入梅」と言うような言い方をするのはこうしたことが背景にあるのではないでしょうか。

もう一つの語源は、「黴《かび》が生えやすい時期の雨」という意味で「黴雨《ばいう》」と呼んでいましたが、カビでは語感が良くないので同じ読みで季節に合った「梅」の字を使い「梅雨」になったという説です。確かに「黴」では、あまりイメージが良くありません。そこでちょうど季節に合った「梅」という漢字をあてたということです。古い時代の中国では、当然に王朝でもこのような言い方をします。日本でも同じですが、宮廷内では皇帝や天皇、貴族の人々が縁起の悪い漢字を使わないようにする習慣があります。今でいえば「語呂合わせ」のようなところですが、同じ音の漢字を使って表現したり、まったく違う単語に変えてしまったりします。例えば、平安時代の日本では「イワシ」は「賤しい」と音が近かったり、または「魚へんに弱い」と書くので、家格が衰えると言われて嫌われていました。中国の宮廷内でも「黴」という漢字を使いたくないので、同じような音を出す「梅」にしたということもあるのではないでしょうか。

では、「梅雨」をなぜ「つゆ」と読むのでしょうか。中国が語源の発祥の地で、中国語では「メイユー」ですから「つゆ」とは読まないはずです。これは、日本で独自に発展した読み方の語源があります。「梅雨」という言葉は、江戸時代に日本へ伝わり、その頃から日本でも「梅雨《つゆ》」と呼ばれるようになったのです。その読み方にもいくつかの説があるのですが、それは「露《つゆ》」から連想したというものがあります。まさに、日本の雨はしとしと降るようなもので、ちょうど屋根や草木に露が降りたような感じになります。そのために、この「梅雨」と「露」を同じ読み方にしたということではないでしょうか。このほかにも、「つはる」から連想したという話があります。ちょうど梅雨の時期に梅の実ができるころです。古語で「つはる」とは、木の芽など新しい命が外に現れようとする姿をあらわす単語です。人間にこの単語が使われると、妊娠の時の「つわり」になるのです。ちょうど新たな命が生まれるということでは、人間も植物も同じであったのではないでしょうか。この時期は梅の実が出るころという意味もありますが、人間の「つわり」のように、春から夏になるのに、新たな季節を迎えるにあたって苦しんでいる姿が「つはる」という言葉で表現されたのではないでしょうか。またほかの説では、梅の実が熟し潰れる時期だから「潰《つ》ゆ」と関連つけたというもの、または雨が多く黴のせいで物がそこなわれる「費《つひ》ゆ」から派生したという説があります。中国の梅雨の語源で「黴雨」という言葉があり、その語源から考えれば、これらの読み方に関しても考えられるものではないでしょうか。

いずれにせよ、普段使っている「梅雨」という単語一つをとっても、なかなか様々な意味合いがあることがわかります。そして、中国、韓国、そして日本と伝わってくるうちに、もともとの意味と環境によって意味合いや伝わり方が異なってきたのではないでしょうか。

二　梅雨と五月雨

日本で「梅雨」という言葉が伝わってきたのは江戸時代でした。当然江戸時代に、現在のようにテレビなどがあるわけではありませんから、日本全国に伝わるまでにはたいそう時間がかかったと思います。では、梅雨といわれる前、梅雨のことを何と言っていたのでしょうか。それは「五月雨《さみだれ》」と言っていました。

もちろん、旧暦の五月に降る長雨のことであるために「五月」の雨と書くのですが、「さみだれ」という読み方は、お米の神様である「さ」が、稲作に最も不可欠な水を垂らしてくれるという意味で「さ・水垂れ」という言い方から「さみだれ」になったとされています。ただし、和歌では「さみだれ」は「乱れる」という言葉の意味と掛けて使われることが多いのも事実です。「晴れ」が安定した天気であるのに対して「雨」は「乱れる」というような感覚もあります。現在でも雨が降ることを「荒れ模様」などと天気予報で言うことがあります。そのように考えれば「乱れる」という言葉で使われることも理解できないわけではありません。

ただ、和歌などで「乱れる」という単語を使うときは、どうしても淫靡《いんび》な雰囲気を出してしまいます。日本の場合古代の文学は主に恋愛感情の伝達手段であったということもあります。現在のように直接的な表現をしないため、非常に文学的に優れており、また文化的にも非常に高く評価されますが、本人にとっては、現在の日記と同じで自分の心の中の表現をしていたものではないでしょうか。また、日本の場合、その神の中心は天照大御神であり太陽の光が照らしているということが、正しいことなどの判断基準になります。「お天道様が許さない」などという「お天道様」は「太陽」につながる言葉です。しかし雨のときは、その太陽が雲によってさえぎられてしまいます。太陽がさえぎられた状態というのは「雨」と「夜」で共通ですので、どうしても雨の中のことは夜の世界につながりやすくなってしまうのです。もちろんこれは平安時代など明かりの少ない時代の話ですので、現代に生きる私たちはそのようなことを気にしなくても良いのですが。

さて、そのような色恋で平安時代最も有名であったのは「光源氏」、そう、『源氏物語』の主人公です。『源氏物語』の中で「五月雨」で有名なのは「雨夜の品定め」です。これは「帚木」

の段のエピソードで源氏が十七歳の夏（五月）のこと、五月雨のある夜、宮中に宿直する源氏のもとに義兄の頭中将・左馬頭・藤式部丞などが集って「雨夜の品定め」を行うのです。「品定め」とは、まさに彼らによる女性論であり、理想の女性像を語るというものになります。彼らは、自分たちの理想とするパーフェクトな女性はめったに存在しないとし、上品な人よりも中品、要するに中流階級の女性に、個性的ですぐれた者が少なくないという話になります。現在でも男性が集まると、年齢などに関係なく、このような話に花が咲くのは良くあることです。そして生涯の妻を選ぶ基準は、貞淑であること、つまり浮気をしないこと。そして、夫が浮気をしても嫉妬をしないことがもっとも良い妻の条件であるという結論に達します。この結論に関しては、皆さんはさまざまな意見があるかもしれません。しかし、この結論に大きく影響された源氏は、その翌日、物忌みに出向いた邸で、伊予介の妻空蝉と関係を持つことになります。源氏と空蝉の出会いの、非常に有名な場面です。そして源氏はこの後、この「雨夜の品定め」の結論に従ったかのような運命に身をゆだねることになります。

ちょうど、雨が降って外で様々な作業ができないということもあり、「乱れる」という言葉はいつの間にかそのような「淫靡」な響きを持って日本人に受け入れられてしまったのです。この辺は、「ジューン・ブライド」と言われるような西洋の感覚とは少し異なるのかもしれません。日本人が男女の関係を「秘め事」として扱うのは、この辺にルーツがあるのかもしれません。

三　五月雨の夜と幽霊

「雨」と「夜」はこのように、「日の光が来ない」ということでどうしても関連性が強く出てきてしまいます。もうひとつの「夜」の代表格といえば「お化け」ではないでしょうか。日本人の感覚として、幽霊は柳の下で手を下ろして「恨めしや」と細々としているというイメージがあります。これも熱帯のスコールや夏の終わりの夕立のような雨では、なかなかイメージがわきません。やはり日本の梅雨のイメージと同じで、「しとしと」と降る雨でなければなりません。『千載和歌集』の中で藤原彰子の歌の中に、「後一条院かくれさせ給うての年、時鳥の鳴きけるに詠ませ給うける」として

一こゑも　君につげなむ　時鳥　この五月雨は　闇にまどふと

という歌があります。一声だけでも、亡き我が君に告げてほしい。ほととぎすよ、私はこの五月雨の夜、「子を思う闇」に惑っていると、という意味です。これは子の後一条天皇が崩御した年、藤原彰子がうたった歌で、歌の中に出てくる時鳥は死出《しで》の山を越えると信じられたので、その時鳥に亡くなった後一条院へ伝言を頼んだ歌です。この歌にあるように、死後の世界や幽

霊や妖怪が出てくるのは夏の雨の夜というのが日本人の定番です。これは幽霊ではなく妖怪の類も五月に出てくるものが異常に多いのです。

二条天皇の治世に、京都を脅かす大事件が起きました。鵺《ぬえ》が出たのです。鵺が出たのは皐月二十日頃の夜、頭は猿、胴体は狸、尾は大蛇、手足が虎の姿をした化物でした。源三位頼政が召集され、弓で鵺を退治したのです。大炊御門《おおいのみかど》の右大臣公能《きんよし》公が頼政に対して

五月やみ　名をあらはせる　こよひかな

五月の闇の中、頼政がその名をあらわした今宵だ、と上の句を詠まれたので、頼政はそれに応えて、

たそかれ時も　すぎぬとおもふに

黄昏時が過ぎ、誰が誰だかはっきりしない闇夜となったので、その名をあらわしたのです、と申し、帝から褒美で賜った御衣を肩にかけて退出したと、現代に伝えられています。鵺というのは想像上の怪物で、実際にこのような怪異が起きたかどうかはわかりませんが、着目すべ

きなのは、このような怪異が起きた時期を「皐月」としていることではないでしょうか。当時の人々は「皐月」と聞いて、本当のことかもしれないと考えた、それだけ「皐月」は怪異が多いと思われていたということになります。

この「雨と夜と幽霊」というのは、まさに日本の夏の風物詩であり、この伝統は平安の時代から現代まで全く変わることはありません。もちろん、幽霊がいるとすれば、年中構わず出てきますし、存在もしています。現に「雪女」のように冬に現れる妖怪もいるのですが、やはり幽霊などは夏、それも陽が陰った雨の中が最も雰囲気が出ます。そしてその内容は、徐々に物語などによって形成され、人々の意識の中にしっかりと根付くようになります。

江戸時代、上田秋成によって『雨月物語』が発表されます。これは全五巻、九篇の構成の幽霊話ばかり。それもおどろおどろしいものから、切なくなるような話まで様々です。当時の古典を踏まえつつ和文調を交えた流麗な文を編み、日本の要素や独自の部分、著者の思想が加えられており、なかなかの名文なので、現代も多くの人に読まれ、朗読会なども行われています。怪異小説の代表的な作品の一つといえます。

この物語集の名前『雨月物語』という題は、どこからきたのでしょうか。秋成自身の序文には、書き下すと

「雨は霽れ月がは朦朧の夜、窓下に編成して、以て梓氏に畀ふ。題して雨月物語と云ふ」

という一文があり、雨がやんで月がおぼろに見える夜に編成したため、と書いてあります。実際に、この物語の中においては、幽霊が出てくる場面は雨や月のある情景のなかで情緒的に書かれており、その表現が非常にうまく書かれているのです。まさに、幽霊文学の大作ともいえる『雨月物語』は、「雨と夜と幽霊」というこの組み合わせをより情緒的に表現するという形にこだわっているといえます。そして、これが日本の「雨」のイメージになっているのかもしれません。

四　五月雨を集めてはやし最上川

さて、『雨月物語』と同じ江戸時代、五月雨で最も有名な一句が出てきます。松尾芭蕉の『奥の細道』に出てくる代表的な一句

五月雨を　あつめて早し　最上川

です。『奥の細道』にあるこの句について書いた全文を現代語訳で書いてみましょう。

「最上川は、同国米沢を源流とし、山形を上流とする川である。碁点や隼などという恐ろしい難所のある川だ。『みちのくにちかきいではの板じきの山に年へて住ぞわびしき』の歌枕で有名な板敷山の北を流れて、最後は酒田の海に入る。川の左右が山に覆われているので、まるで茂みの中を舟下りするようなことになる。この舟に稲を積んだのを稲舟といい、『もがみ川のぼればくだるいな舟のいなにはあらず此月ばかり』と詠われたりしている。白糸の滝は青葉の木々の間に落ち、源義経の家臣常陸坊海尊をまつる仙人堂は河岸に隣接して立っている。水を満々とたたえて舟は危うい。」

この句はもともと、「五月雨をあつめて『涼し』最上川」と句を披露したようなのです。しかし、この『奥の細道』の文章にあるとおり、芭蕉が渡し船に乗った時、その船が濁流にのまれそうになって非常に危なかったというエピソードがあったのです。そこで芭蕉は「涼し」を「早し」にかえて、周辺の水を集めて最上川へ流れこみ、その水量と勢いを増し、舟をすごい速さで押し流すその勢いを表現したものです。「涼し」を「早し」に変えただけで、句のイメージはここまで変わります。日本語の「一言」は、その言葉そのものが一つの魂を持っているかのように、文章全体の意味を大きく変えてしまう大きな力を持っているものです。

さて芭蕉は、「五月雨」をどうして使ったのでしょうか。最上川に関しては、芭蕉が見て、渡し船で体験した経験を表現しているのですぐにわかります。五月雨というのは、一つは「涼し」のほうを読んだ時が本当に五月であったということがあげられます。また、「五月雨」が「夏の季語」であるということも一つではないでしょうか。

しかし、芭蕉はこの「五月雨」という中に二つの意味を込めているのではないでしょうか。五月雨を集めるということで、最上川の豊富な水の量をうまく表現しています。五月雨という単語そのものが、「長く続く雨」であり、また「しとしとと降る雨」が「集まって豊富な水量になる」というようなことを表現しているのです。もう一つとして、和歌でよく使われた「乱れる」という意味合いも強く表現したのではないでしょうか。もちろんここでは「川の流れが乱れている」ということであると思います。ここで「五月雨」と詠むことによって、水の量の多さや流れの速さ、そして流れが難しく流れている状態などを一つの言葉で表現しているのです。

『奥の細道』では、このほかにも平泉中尊寺金色堂で詠んだ

五月雨の　ふり残してや　光堂

という句もあります。あたりの建物が、雨風で朽ちていく中で、光堂だけが昔のままに輝いている。まるで光堂にだけは、五月雨も降り残しているようなことではないか、という句の意味があるのですが、やはり、「雨で朽ち果てる」ということと、「光」という単語を対比させて中尊寺金色堂の素晴らしさを表現しているのです。同時に「乱れて朽ち果てた建物」と「光輝いている金色堂」ということも、五月雨の「乱れる」という意味から出てくるのではないでしょうか。

俳句は、世界で最も少ない文字数の文学とされています。しかし、その十七文字の中に様々な意味を表現することができます。まさにこれは、「五月雨」のように、一つの単語で様々な意味を持つことができる日本語特有の文学ではないでしょうか。特に、最上川の句のように、たった一つの言葉を変えるだけで区全体の意味や雰囲気を一変させることができるのです。日本語は、このように非常に趣深く、また非常に奥の深い言葉になります。このようなことから「言霊」ということが言われるようになるのではないでしょうか。一つの言葉から出てくるイメージ、そのイメージが作る世界観を日本人は大事にしているのです。

五　五月雨と梅雨とその季節の花、アジサイのイメージ

では、改めて五月雨のイメージを考えてみましょう。まさに「五月雨」「梅雨」「雨」の言葉のつくるイメージとその世界観を見てみるとよいのではないでしょうか。

「五月雨式」というような単語があります。これは梅雨時の雨のように途中、途切れながらもだらだらと長く物事が続くこと、また、そのようなやり方のことを言います。もちろん、このような言葉が使われるときは、あまり良いイメージで出てこないのです。現代社会の中では、結論を早く正確に出すことが求められるために、五月雨式に、結論も出さずのらりくらりと引き延ばしているのは、現代社会のビジネスなどには全く適合しない状態になってしまいます。

しかし、逆に言えば、それだけ長く続かせるだけ「続ける力」があるということもあります し、「一気に結論を出さない」ということは「考える時間をゆっくり持つことができる」または「ゆとりを持つことができる」というようなことが考えられます。まさに現代社会で最も気を付けなければならない「拙速」を防ぐという意味では、一定の価値を持つことが可能となります。

雨という天気が多くの人に嫌われながらも、一方で、雨が降って水が出なければ、食料も飲み水もなくなって困ってしまうというような、「必要悪」のような感じが「五月雨」という単語に込められています。季節や自然現象を、人間の行動に当てはめて表現するのも日本人の得意

な表現方法です。五月雨式という単語の中には、まさにそのようなことが言えるのではないでしょうか。

それにしても、やはり日本人は雨が嫌いなようです。スカッと雲一つない晴れを「日本晴れ」といいます。太陽の神が日本の皇室の祖である「天照大御神」であるということを考えれば、雨を降らせる雲は太陽神を隠してしまう現象ですからよくないということになります。このことは「雨」「五月雨」という単語ではなく、この季節を象徴する植物にも影響を及ぼしています。

この梅雨の時期を代表する花としては「アジサイ」があげられるのではないでしょうか。まず「紫陽花」という漢字を当てますが、これは誤用のようです。本来の「紫陽花」とは、唐の詩人の白居易が命名した、別の紫の花のことでしたが、平安時代の学者、源順《みなもとのしたごう》が今のアジサイにこの漢字をあてたため誤用が広まったとされています。アジサイはもともと日本原産で、日本特有の花のようです。また古代から日本人に楽しまれていた花で、「万葉集」にも詠まれています。大伴家持はこう詠んでいます。

言問はぬ　木すらあぢさゐ　諸弟《もろと》らが　練りのむらとに　あざむかれけり

「ものを言わない木でさえ、アジサイのようにきれいな花で私の心を慰めてくれるのに（あなたは夢にさえ現れてくれない。あなたが私を恋しく思っている（という）諸弟らの取り繕った言葉にだまされてしまった」という歌の意味です。アジサイは、色が変わりやすく、しかも実を結ばない花なのであまり良いイメージではうたわれていません。

あぢさゐの　八重咲くごとく　弥《や》つ代にを　いませ我が背子　見つつ偲はむ

一方で橘諸兄のこの歌は、「アジサイの花が幾重にも重なって咲くように、あなたもいつまでもお元気で栄えてください。アジサイの花を見るたびに、あなたを見仰ぎつつお慕いしておりす」と、アジサイが幾重にも重なるということから家の繁栄の象徴のような花として受け止めているのです。

このように、奈良時代にはアジサイの花のイメージは決まったものがなかったので、この後平安時代の中期まであまり和歌でうたわれることがなくなってしまったのです。そして平安中期に『古今和歌六帖』でうたわれるようになると、アジサイ→よひら（ガク片が四枚）→宵《よい》という連想を詠み込むようになり、「五月雨」のイメージとともに「夜」「宵」を示すような使われ方になってゆきます。まさに、五月雨のイメージが強すぎるために、そこに大きく影響された花ということになるのでしょうか。

また、平安時代初期に成立した漢和辞典『新撰字鏡』には、アジサイが「草冠《くさかんむり》に便」の字に和訓として「止毛久佐又安知左井《ともくさまたあぢさゐ》」というように表現されています。詳細は良くわからないのですが、アジサイの葉が現在のトイレットペーパーの代わりに使われていたのではないかということがいわれています。必ずどの家でもアジサイの木が植わっており、その花を楽しみにしながらも、トイレットペーパーのような不浄のものを和歌にして詠むということははばかられたのではないかともいわれています。平安後期、そして鎌倉時代には、アジサイの葉以外の何かがトイレットペーパーの代わりとして使われるようになったので、またアジサイが観賞用の花として和歌に詠まれるようになったのではないかといわれているのです。この辺は、まだまだ研究をしなければならない部分かもしれませんが、当時の生活や日本人の心の中をのぞくには、非常に興味深いところなのかもしれません。

いずれにせよ、五月雨、梅雨というと、日本人の中には「雨」「すっきりしない」「じめじめした」というイメージがあり、そして「太陽がない」というイメージから「夜」や「怪しい幽霊」または「乱れる」という言葉を連想するような形になっていったのです。そして、そのイメージは言葉や雨だけでなく、その季節を代表する花であるアジサイにまで広がっていったということになるのではないでしょうか。

六　乱れるといえば、天下が乱れるということ

最後に、「五月」と「雨」というと、筆者のような戦国時代のマニアにはどうしても忘れられない和歌があります。

天正十年五月二十八日に、丹波亀山城にあった明智光秀は城下の愛宕権現で連歌の会を催します。織田信長から命じられた中国地方への出陣の準備の時に、あえてこの時期に連歌の会を催し、その中で

時は今　天が下知る　五月哉

の発句を披露したのです。この歌は明智光秀が織田信長に滅ぼされた美濃の名族土岐氏の末裔であることから「時」と「土岐」が掛詞になっており、また「天が下知る」は「天下を知る」と読めます。そして「五月」が出てきます。「天」と「雨」を掛詞にすればまさに「五月雨」になるように、まさに「乱れる」要するに「天下が騒乱」するということをうたった発句であるとされているのです。まさに、この発句こそ、この四日後の六月二日、「敵は本能寺にあり」として一万三千の兵を率いて織田信長を攻め滅ぼした「本能寺の変」の謀反の決意を示すもので

あり、「この度本望を達したれば、私が天下を知る（治める）」との心情を含めた大事の前の心境を吐露したものとして伝えられているのです。「五月雨」を「乱れる」の意味で使った和歌（連歌の発句）で、最も大きく乱れさせたのは、この歌ではないでしょうか。素直に「五月雨」という言葉を使わず「天が下知る」というように、天下という言葉をかけるあたりは、当時の教養人であった明智光秀の和歌の才能の高さを物語っているところではないでしょうか。

この明智光秀の発句に対して、威徳院行祐は

水上まさる　庭の夏山

と続けたといいます。この連歌の会に出席した当時高名な連歌師里村紹巴《さとむらじょうは》は、明智光秀のこの発句から明智光秀の謀反に気づいたといいます。しかし、そのことを知らせなかったために、のちに豊臣秀吉に疑われるようになってしまうのです。当時は、武将ではなく連歌師や、千利休のような茶人であっても、高名であり付き合う人が有名な武将であれば、それだけ嫌疑をかけられたり、多くの秘密を知ってしまう機会も少なくなかったのかもしれません。そのために、身の危険にさらされるようなことも多かったのかもしれません。まさに彼らにとっても「五月雨」の乱れがあったのかもしれませんね。

現在は「梅雨」という表現になって、雨で乱れることは少なくなりましたが、それでも、晴れが待ち遠しくなる季節であることは今も、そして日本以外の人にとっても変わらないものなのかもしれません。

第六章　夏といえば幽霊という日本人の涼を求める知恵

一　日本の幽霊のはじめは伊邪那美命《いざなみのみこと》

日本の夏といえばなんでしょうか。「海」「スイカ」「浴衣」「花火」様々なものが浮かぶと思います。しかし、古来日本の夏といえば「幽霊」があげられます。幽霊といえば、死んだ人が恨みや怨念を持って「念」や「魂」だけがこの世に残ってしまう。その念が強すぎるために、成仏できず、この世にさまよってしまう霊魂のことを「幽《ゆ》う」「霊魂」で「幽霊」ということなのです。

日本人は古来、神々が様々な役割を人の中にいる精霊に与えて、この世でその役割を終えると、人間の世界を離れて神々の世界に戻ると考えてきました。日本の古代では、その神々の世界またはその入り口を「黄泉の国」と呼んでいましたし、仏教が入ってからは「天上界」「成仏」などと仏教用語を混ぜて使うようになったのです。しかし、人の中にいる神々、精霊とか魂という存在は、人間界にいる間に、神々の世界に戻るよりも強い念が残ってしまい、そのために、神々の世界に行けないことがあります。それはある意味で、本来の神々の支配から抜け出て、「悪霊」になってしまっていますし、その念が強いので執着してしまうということになるのです。

日本で一番初めに「幽霊」になったのは、火の神である軻遇突智《かぐつち》（迦具土神《かぐつちのかみ》）を産んだために陰部に火傷を負って病に臥せのちに亡くなった伊邪那美命です。有名な国生み神生みの神話の中に書かれているものです。すでにご存じと思いますが、簡単に復習しましょう。

亡くなった伊邪那美命に会いたい一心で、伊邪那岐命《いざなぎのみこと》は黄泉の国に行きます。伊邪那岐命は、戸越しに「あなたと一緒に創った国土はまだ完成していません。帰りましょう」と伊邪那美命を誘いますが、伊邪那美命は「黄泉の国の食べ物を食べてしまったので、生き返ることはできません」と答えるのです。古来、黄泉の国のものを食べると、黄泉の住人になるとされていました。ある意味において、新しい土地になれることを「水になれる」という表現をしますが、その土地の食べ物や飲み物を飲んでしまうと、その土地の住人になってしまうという感覚があり、もともとの土地に戻れないということを意味しています。これを「黄泉竈食ひ《よもつへぐ》」と言います。

それでもなかなかあきらめきれない伊邪那岐命の思いに応え、伊邪那美命は「黄泉神と相談しましょう。お願いですから、私の姿は見ないで下さいね」と言い、家の奥に入って行きます。しかし、伊邪那美命がなかなか戻ってこないため、伊邪那岐命は待ちきれずに中をのぞいてしまいます。そうすると、あの美しかった伊邪那美命の体は腐って蛆がたかり、声はむせびふさがっており、蛇の姿をし、八雷神《やくさいかづちのかみ》がまとわりついていたのです。

恐れおののいた伊邪那岐命は逃げようとしたが、伊邪那美命は自分の醜い姿を見られたことを恥じて伊邪那岐命を追います。その追手からやっとの思いで黄泉比良坂《よもつひらさか》まで逃げてきて、千人がかりでなければ動かないような大岩で黄泉比良坂をふさぎ、悪霊が出ないようにしたのです。

日本の場合、伊邪那岐命が黄泉比良坂を大岩でふさぐまで、黄泉の国と日本とは行き来ができたわけであり、その時から、この世に残る霊魂と、黄泉の国に行ける霊魂の差ができたことになります。そして、死んでしまうと体は腐ってしまい、黄泉の国の住人になって次の役割を待つことになるのですが、それができない人々の霊がこの世にさまようことになってしまったのです。

二　恐ろしくも強いものに畏敬の念を抱く日本人の特徴と幽霊

神生みの神話は様々なことを教えてくれます。例えば伊邪那美命という神を生む神であっても、死んでしまうと黄泉の国で体が腐ってしまうということです。他の国では神々の国では常に美しい顔をして幸せに暮らしていると考えていますが、日本の場合は肉体は滅びるものとして認識がされているのです。日本人の中では神々は人間と一緒に暮らしており、人間と同じように存在すると考えられています。その神々に関しては、神々が人の形をしている場合も、その人としての「形」は、人間の肉体と同じように腐ってしまうということです。

また、その腐った肉体と別に、伊邪那美命は黄泉神と話したり伊邪那岐命を追いかけてきたりします。要するに、人の形をした肉体とその肉体を動かしている魂は別であるということが考えられていたのです。神々は、当然に魂も神々であり、人間は、神々の域まで達していないので、たまにその魂の部分がさまよってしまうということになります。神々の魂はそのまま人間の世界で祀られ、人々を鎮守します。人間の中でも神々の域に達した人々は、学業の神様である菅原道真のように祀られることになるのです。

そして、もう一つは、女性は自分の醜い姿を見られたくないということ、恥の文化が古来には非常に大きく存在したということではないでしょうか。伊邪那美命は、なぜ伊邪那岐命を追いかけたのでしょうか。約束を破られたからではなく、自分の醜い姿を最も好きな人に見られたから、それを無いことにしたいという気持ちの強さでしょう。「好き」な気持ちが、裏切られたり、あるいは自分の恥ずかしい部分を見られてその関係に絶望してしまった場合、逆に「恨み」に変わるということを、この神話で表しているのです。

女性の恥の観念は別な機会にするとして、幽霊に話を戻しましょう。日本人の場合、日本には八百万の神がいて、その神々が様々なものに宿り、人間の生活を見守りながら日本を一緒になって発展させてゆくという思想があります。そのために「幽霊」であっても、神々が変形した姿、または、神々が何らかの形で人間に対して教訓を与えようとしている姿とされているのです。それで、本来ならば「死」とか「霊」は、忌み嫌われるものでありながら、その片方で、「死」や「霊」を珍重し、またそれを生活の中に取り込むような文化があるのです。その一つの形態が「怪談話」ということがいえます。

日本人は「自分たちの手の届かないもの」に対して畏敬の念を抱く習性がある。そして普段からそのことを意識して生活しなくてよい様に、それらを「忌み嫌うもの」「自分より下のもの」というような位置づけにしながら、何かあった時には「最も頼れる存在」として、中心に据える習性があるのです。神々に関しても、人の世界に出てきた時は普段は「妖怪」「怪異現象」「幽霊」とし、また「黄泉の国」も死後の世界として忌み嫌う穢《けが》れたものとして扱いながら、妖怪が出ればそれを教訓として禁忌を作り、怪異現象や自然現象に関しては「荒ぶる神」としてより一層その神を奉ることによって怒りを鎮め、かえって国を平和におさめるようにするのです。

神々というとぴんと来ないかもしれませんが、日本人にとってはより身近な存在として「女性」がその代表格です。女性は、何もないところから新たな生命を産みます。要するに女性の胎内には黄泉の国につながる道がついていると考えられていました。そのために、女性に対しては普段は「穢れている」として男尊女卑の思想の原型になるようにしながら、女性を家や村の中に入れておいて、危険な仕事をさせずに女性を守り、また、神々との交信には、「巫女」としてより黄泉の国に近い人物を使うことになっているのです。この女性に対する畏敬の念は、神々との近さということでより一層鮮明化します。戦国時代に城郭を建設するときに、土地の神々への捧げものとして選ばれるのは「女性」であり、それが「人柱」となった伝説は城をめぐる伝説の中で様々に存在するのです。

このように、日本人は幽霊を、海外のポルターガイスト、悪魔またはキョンシーのように、単純に悪魔の化身として存在させているのではないのです。そのために、怪談話を人々の生活の中に生かしている例がたくさんあり、また、庶民の一つの楽しみとして怪談話を行うようになっているのです。

三　日本人に語られる日本人に愛される幽霊たち

もう一度繰り返しますが、幽霊は本来は魂として黄泉の国の住人になるべきであったものが、強い念を抱いたことなどによって黄泉の国に行くことができずにこの世にさまよっている魂であり、神々とも近いものがあります。怨念であった魂を奉ることによって、その人の特徴を生かす神となっている例は少なくありません。菅原道真の天満宮に代表されますが、そのほかにも「世直し神社」なども人が祀られているものですし、平将門の怨念を静めるための神田明神などもその例になります。ある意味においては「戦争」で亡くなった魂を鎮め、平和な国家を築くための礎とするということであれば、靖国神社も政治的な論争はあるものの、日本人の心の中ではそのような神社ではないでしょうか。

しかし、祀られていようといなかろうと、幽霊は関係がありません。祀るのは現代の人間の勝手であり、さまよっている側がそれで納得するかどうかはわからないのです。そのために、現在でも都市伝説的に平将門の怨霊は話に出ることがありますし、また靖国神社に祀られていても、軍人の幽霊の目撃談などは少なくないのです。また、そのような話をするのが好きな日本人ということもあります。

日本人は、よく言われるように島国の国家であり、ほぼ同じ文化言語で育っている人が全国に住んでいる国家になります。ある意味において、森羅万象すべての責任を一人や為政者に転嫁する事はできないし、また、その島国の中においても地域などによって禁忌が異なる場合があります。そのような場合に、理屈で話をするよりは暗黙の了解で物事を済ませたほうがスムーズに物事が運ぶという知恵を日本人は持っていました。そのために、「あそこには怨霊がある」「粗末にすると祟られる」というような、理由がつけられない、また人知の世界ではどうにもならない禁忌として認識するために、怪談や怨霊が多く使われるようになります。

その怪談や怨霊は、はじめのうちは「禁忌」を示したり、誰にも責任を追及できない損害、たとえば地震や日照りなどの自然災害などに対する納得の方法、時には、自分たちではわからないことの理由の説明などに「霊」や「怪異」を使っていたのですが、いつしか、その怪談話だけが独立して、「物語」として、語られるようになりました。

何しろ、幽霊は「強い念」を抱いているのです。しかし、その幽霊ももともとは人間ですので、他の人間にも、幽霊になるほどではないにしても、なんらかのこだわりがあり、また感情が理解できます。それが、物語や作り話として発展させる場合は、人間界ではありえない内容を組み合わせて、「幽霊だから可能」と異様な物語の構成になってくるのです。

たとえば、「人を殺す」と言ってしまえば、今も昔も殺人罪になります。しかし、「幽霊が強い念で呪い殺した」となれば、物語の世界ならばそれで「それほど強い念があったのか」というような感想を生み出し、そして、念を持った側または殺された側に感情移入して話を読み進め、楽しむことが可能になるということになります。

同じ人間であるということ、そして、本来ならば自分が成仏するということもかまわずにこの世に念を残すというほどの強い念であれば、その一途さに共感する人も出てくる。いつの間にかそのような、たとえば源氏物語の空蝉のような悲恋物語のヒロインは人気を呼び、また、死んでも主君を護る武蔵坊弁慶のような武将は、忠義の士として後世に語り継がれるようになるのです。

四　幽霊と鬼の歴史

それでは、そのような幽霊はいつから書かれるようになっていたのでしょうか。日本最初の書物といわれる『日本霊異記』に、早くも「鬼」という表現が出てきます。鬼は「隠爾《おぬに》」のオンからきているといわれ、「わからないもの」「日の光を浴びないもの」という意味で使われていました。そしてその意味合いから「鬼」は当初は亡くなって黄泉の国に行く前の人の魂が形になったものとして見られていましたが、徐々に、黄泉の国の住人という意味になり、そしていつの間にか閻魔大王の手下で、人間を襲うモノという感覚で見られるようになってきました。ちなみに、現代の皆さんが「鬼」としてイメージする赤い肌や青い肌、そして角が頭に生えていて、虎の皮のパンツをはき金棒を持っている、そして鬼ケ島に住んでいて人間を襲う悪役としての鬼が成立するのは、室町時代、御伽草子など庶民の間で文学が出されるようになった時のことであり、ちょうど桃太郎や一寸法師の話と一緒にそのイメージが広まっていったのです。

『日本霊異記』に出てきた鬼は、当然に「霊魂」という意味の鬼です。その時代は現在の鬼というイメージはなかったので、もともと人間ではない怪異現象は、「妖怪」などが中心になります。平安時代に有名な妖怪といえば「鵺《ぬえ》」です。鵺は、サルの顔、タヌキの胴体、トラの手足を持ち、尾はヘビで背が虎で足がタヌキの妖怪です。平安時代に鵺が出て、二条天皇を悩ませたために、弓の達人である源頼政に怪物退治を命じました。頼政はある夜、先祖の源頼光より受け継いだ弓を手にして怪物退治に出向き、清涼殿を不気味な黒煙が覆い始めたので、頼政が山鳥の尾で作った尖り矢を射ると、悲鳴と共に鵺が二条城の北方あたりに落下し、取り押さえてとどめを差しました。その時宮廷の上空には、カッコウの鳴き声が二声三声聞こえ、静けさが戻ってきたといいます。なお、鵺を退治したのが源頼政で、その源氏の子孫が平治の乱の後に伊豆に流されていたことから、源氏の武勇を誇る祭りとして、伊豆長岡市では現在でも毎年一月に鵺払いの祭りを行う風習があります。

逆に、平安時代はこれらの怪異を自在に操る傑物もいました。陰陽師といわれる人々です。役小角《えんのおづぬ》、安倍清明などが代表的です。この人々は式神といわれる妖怪を使い、様々なことを占ったりあるいは操ったりしたということになります。卑弥呼からつながる「鬼道」や中国の「卜辞《ぼくじ》」などと同じで神々の力を借りて将来を予想したり、あるいは吉凶を占うということをしていたのです。この風習は、こののちに戦で命を懸ける武将に引き継がれ、軍師の仕事の一つとして方位や気を読み、軍隊全体を勝ちに導く仕事を行うようになります。室町時代にはこのような軍師の術を専門に学ぶ足利学校が設立されるのです。

片方で卑弥呼の扱った鬼道のように、政治や国家全体を占うモノもありますが、しかしもっと小さな単位で幽霊が出てくることも少なくありません。それは、すでに平安時代に現れています。今昔物語の中には、京都の若者が川に架かる橋に怪異現象が起きるということを知って、肝試しに行く話が出ています。そして、仲間の中の一人が、先回りしてそのものを脅かし、また、ほかの仲間が怖がる仲間を見て楽しむために茂みの中に潜んでいるという話があります。

そもそも『今昔物語集』には「霊鬼」ばかりを編集した巻（第二十七巻）があり、その中には様々な話が書かれています。そして、多くのものはその時の教訓を書いています。例えば「嫉妬心から妻が箱を開ける話」（第二十七巻二十一話）などは、幽霊から預かった箱を嫉妬深い妻が開けてしまったためにその夫婦が死んでしまう話ですが、その話の最後には「嫉妬心が強くて、あらぬ疑いなどを持つような女は、夫のためにこういうとんだ結果を招くことがある」というような教訓を書いているのです。もちろん事件がすべてフィクションであるとは言わないものの、幽霊や怪異を使って、現在生きる人々の教訓としているのです。すでに平安時代にそのような内容になっている怪談話は、徐々に怪異現象をより一層怖がる子供たちに、教訓や礼儀、しきたりなどを教える道具として発展してゆきます。そして、その怪異現象の中の一部が、おとぎ話の中に使われ、より親しみやすくなるような話になるのです。先ほど出した「箱を開けて不幸を招く」話は、その話が徐々におとぎ話になってゆき、童話「浦島太郎」の玉手箱を開ける顛末につながります。

このように、怪談話は、片方では人々に教訓を与える話、あるいは心理的な道具として発展してきた部分があり、一方でそれは形を変えて童話やおとぎ話の中に入り、子供のころから我々に親しまれてきている姿として出てきているのです。

五　怪談話と地域性とその口頭伝承の拡散

さて、ここまでの話ではなぜ「怪談話」が「夏の風物詩」なのか、まったくわかりません。そこで全く逆の話を一つしたいと思います。

上方落語で「無精の代参」というものがあります。村で有名な無精者が友人に頼まれて能勢に代参に行くという話ですが、その落語に出てくる無精者が非常に素晴らしく、とにかく「一度掃除をするとまた散らかるから」ということで一度も掃除をしない。一度掃除をすると重要なものまですべて捨ててしまう。「一度服を着ると脱がなければならないから」ということで真冬でも裸でいる。それでは寒いので、天井から大きな石を吊り下げておき、いつ落ちるかわからないとして冷や汗をかいて暖をとっているというありさま。無精者もここまで来ると笑い話にもなります。

この無精者のように、日本人は何もなければ「別な感覚」で暖を取るという知恵がありました。夏の涼をとるのも同じです。京都貴船の川床のように涼やかな川の上に間《ま》を作ってそこにいれば涼しいですが、都会ではそのようなことができません。そこで、風鈴など高い涼やかな音を聞いて「耳で涼をとる」などの知恵を絞るのです。その中で怪談話は、「怖い話をして心を涼しくする」という日本人の知恵の一つなのです。

そこで、今昔物語の中に存在した怪談話は、一つには、教訓や禁忌を伝えるという役目を持ちますが、一方では、恐怖の部分を増して徐々に「涼しくなる怪談」と言うものを作り出すようになります。この話の体系は、涼しくなることを目的に話されるものです。そのために、いくつかの特徴を持って話が広まってゆくことになります。

一つの特徴は「どこにでもあてはまる」話にすることによって、身近な話として怪談話を語ること、そしてその話の内容を身近な話として意識することによって、自分の疑似体験のように頭の中の空想で感じることによってより一層恐ろしさを増すように作られていること。このことによって、同じような怪談話が様々な場所で少しずつ地域性を増して語られるようになるのです。例えば、江戸七不思議の中の代表的な話である「置行堀《おいてけぼり》」。深夜にお堀で魚を釣っていると、その帰りに「おいていけ」といって怪異が追いかけてくる。ある日、肝試しでその声を無視してその怪異の正体をおぶって帰ってきたものが、翌朝目が覚めると大量の小判があったという話であるが、これが地域によって死体であったり、あるいは、狸、化け猫、河童というようにその正体が変わるのです。特に死体であったという話は、その堀が自殺の名所であったなど、別ないわく因縁がついて話が拡大されてゆくことになります。このようにして、どこかで仕入れた話が、その地域性を持って別な地域で身近な話として使われ、そしてそれがまた独自の発展を行って、怪談話として成立してゆくことになります。

もう一つの特徴は「画像的に明確になるもの」ということがあります。幽霊というと、江戸時代中期に円山応挙が描いた幽霊の図が始めであり、その幽霊の絵が手を下げ、そして下半身が書かれていないことから、いつの間にか幽霊は足がないとされています。しかし、円山応挙の絵の幽霊は顔も美しく、そんなにおどろおどろしい絵ではないのです。それが、徐々に顔にこぶがあったり目が飛び出ていたりというような視覚的な表現が増えてきて、人々が画像として認識できるような内容になっていったのです。誰かの描いた幽霊の絵を見ていれば、その絵の主人公で最も恐ろしいものが怪談話の中の主人公になるような構図です。このように考えると、怪談話ほど視覚的表現の多い話は少ないのかもしれません。怪談話で、特に幽霊が出てくる描写は、ほぼ決まり文句になっています。「草木も眠る丑三つ時、陰にこもった寺の鐘がゴーンとなると、その時に生暖かい風がそのあたりを覆い、そうすると、少し先に今まで気づかなかった人影がゆらゆらと柳の木の枝のようにこちらに近寄ってくる。そのものの口は生き血をすすったように真っ赤に塗られ……」というように、一つ一つの現象を説明するのに修飾語が付き、そして、生暖かい風、とか生き血をすすったような、など、一つ一つが色や温度を感じられるような表現になっているのがその特徴です。このように視覚をはじめとした表現でより一層感覚的に涼しさを体感できるようにした工夫が見られます。

このように、怪談話は、はじめから他人を怖がらせることを目的に、肌で感じる温度を下げることを行えるように、感覚的な表現を多く入れることで、日本の文学的な発展と、民間の中の想像力をけん引していったのです。

六　江戸町人文化に見る怪談話の完成形と現代のホラーまで

そして、この視覚感覚的な怪談話は、江戸時代に芝居が町人の文化になると、すぐにその戯曲が書かれることになります。江戸時代の怪談話の二大巨頭といえば「四谷怪談」のお岩と「番町皿屋敷」のお菊でしょう。

ちなみに、日本の幽霊は二つの類型に分かれます。「人を目指す幽霊」と「その場に住み着く幽霊」の二つです。前者を「怨霊」、後者を「地縛霊」などといったりします。前者は、恨みがありその恨みを果たすまで自分の仇を追い求め、場所を変えても姿を変えても探し求めて祟りをなす幽霊です。ひどい場合は、何の罪もないその子孫にまで祟りをなす場合があります。一方、地縛霊は、その場所を共有している人であればだれでもその場にいる人の前に姿を現して祟りをなすような霊です。そして「人を目指す幽霊」の代表格がお岩であり、「その場に住む幽霊」の代表格がお菊ではないでしょうか。

人を目指す幽霊は、ほかの人には基本的に祟りを及ぼしません。何しろ仇討がその目的であることから、ほかの人に累を及ぼすことは基本的にはありません。場合によってはほかの人には見えない場合もあります。そして、その仇討ちを果たすと、その怨霊は「思い残すことがなくなる」ので、成仏できてしまうことになります。そのために、この手の幽霊は完全に怖がらせるための怪談話にしかならず、多くの人に対する広がりを持たないような話になってしまいます。

しかし「その場に住む幽霊」は、その場を共有することによって万人に出てくるのですから、当然に目撃者も多数いますし、何の因果関係もないのにその場を共有しただけで祟られてしまうということになります。そのために体験談もたくさんあり、広くさまざまな話として形を変えることになります。一般的に怪談話で各地に広まるものは、大体の場合「その場に住む幽霊」の話であることが多いのです。空き家に怪異が住みついたり、池からきれいなお姫様が出てきて手招きしたりといった類は、空き家のある場所、池がある場所ならばどこでも大丈夫ですし、また大量に人が虐殺された場所は、古代の戦場の跡地ならばどこでもその可能性を秘めていることになります。

代表格の番町皿屋敷も、その大本は、姫路城城下の車屋敷街の武家屋敷であり、もともとは「播州皿屋敷」であったといわれています。そして、十枚セットの皿を一枚割ってしまい、折檻死したお菊が、その死に場所である井戸から毎夜出てきて皿を数えるという話の軸は同じです。この話は、徐々に「九枚というお菊の声を聴くと、翌朝には死んでしまう」というような話に発展してゆきます。

しかし、播州皿屋敷が笑いの中心である大阪に行くと、これが急に笑い話に変換します。上方落語の「播州皿屋敷」では、ある日肝試しに行った仲間が幽霊を見に行く。九枚という声を聴かなければ死ぬことはないのだから五枚くらいで逃げてくれれば問題がないということになるからです。そして、その中で最も怖がりの人間が、お菊に惚れてしまう。いつの間にか、そのお菊の美しさにひかれて毎夜毎夜多くの男たちが皿屋敷に集まり祭りのようなにぎわいになってしまう。そして、ある日逃げ遅れた人が死を覚悟していると、お菊は「十枚、十一枚」と結局十八枚まで数えてしまった。死を覚悟した人がお菊に文句を言うと「明日は風邪でお休みです」と言うという話になって、オチまでついた完全な落語になってしまうのです。

怪談話であるからといって怖いばかりではなく、いつの間にかオチまでついたしっかりとした話になって広まってゆき、幽霊までも笑い飛ばしてしまう。それが日本人の精神的な強さであり、そしてそのような変換をできることが日本人のタブーを超える力につながっているのではないでしょうか。

さて、このように二大巨頭の幽霊まで笑いに変えられてしまうと、いつの間にか怪談話はより一層恐ろしいほうに、また一方ではそのより一層怖い話をより面白い方向にして中和しながら発展してゆきます。この流れが江戸時代後期に『雨月物語』のようになり、しっかりとした文学として発展してゆきます。また落語や芝居では演目に「牡丹灯籠」、「怪談乳房榎」、「お菊の皿」、「質屋蔵」、「真景累ヶ淵《しんけいかさねがふち》」、「反魂香《はんごんこう》」、「もう半分」、「子育て幽霊」、「菊江の仏壇」などが発展してゆくことになります。明治時代に、この怪談ブームに驚き興味を示した外国人、ラフカディオ・ハーンは、これらをまとめて日本名小泉八雲で『怪談』として出版し、ヨーロッパでも広く読まれるようになったのです。また、昭和になればこれらの伝承に興味を持った柳田国男が『遠野物語』で、口頭伝承でしか残っていない怪談を文献として残すことを行い、そこから民俗学という学問が発展してくるのです。

七　怪談が流行する背景

さて怪談に関してみてきました。しかし、「涼しくなるためになぜ怖い話をするのか」という疑問にはまだ答えきれていないのかもしれません。そこでもう一つ怪談が流行する理由を考えてみましょう。

怪談話が流行するのはどのようなときでしょうか。実は、日本人が「死」と最も遠いときに、想像の中で「死」を恐怖するときが怪談話が最も流行するときなのです。要するに、「平和」なときが、最も「怪談話」が流行するときです。これまでの話でもおわかりのように、怪談話が文献に最も多く残されているのは、平安時代と江戸時代。要するに平和な時代が長く続いたときに、怪談話が多く語られることになります。

日本人は、不安定なものと未知なものに得体のしれない恐怖を感じます。これは日本人だけではなく世界各国どこも同じなのかもしれません。不安定なものということは「生と死の境」などちょうど「境界線上」のところをいいます。このほかにも一日の境界線といえば夕闇時ですし、また、寿命の境というと老人ということになります。逆に生まれる側との境目で女性が黄泉の国とつながっているということがいわれていることはすでに説明したとおりです。これらを合わせると、例えば、陸と水の境界である河原に、老婆が夕闇時に一人で佇んで、不気味に笑ってこちらを見ていると、得体のしれない不安と恐怖が襲ってくることになります。世界各国でも同じというのは、アメリカのホラー映画で「トワイライト・ゾーン」というものがありますが、まさにこの境界の不安定さを恐怖するということが、映画の題名になっているのではないでしょうか。

しかし、戦争の時になれば、これらの境界の人々は最も先に守られる人ばかりであり、時代の主人公になることはありません。まさに国境という境界は、最先端の戦場であり、得体のしれない恐怖ではなく、現実の死と直面する場所になってしまうのです。そのために、怪談話が戦場で、または戦中に行われることは稀です。怪談話が出てくるのは、戦死者が帰ってくるという悲しい話か、教訓の怪談ということになります。

要するに、怪談話をしているということは、その話が行われている場所は「平和である」ということなのです。平和であるということは刺激がなく、そのために暑さなどをより一層感じてしまうのです。また、人間が恐怖する「境界」も、平和であれば自然が作り出す境界以外にはなくなってしまい、国境などの境界が「安定したもの」になってしまうのです。

そこで、日本人は平和な時代に「境界」を作り出し、その境界を逸脱してしまった怪談話を、平和の中で「絶対に安全である」ということをかみしめながら味わっているのです。反語的な表現かもしれませんが、まさに、怖い思いをすること、スリルを味わうことを楽しむということで、遊園地のジェットコースターと同じ役割を果たしている一つの娯楽なのかもしれません。

このように考えると、宗教的なタブーはあるとしても、世界各国で平和に怪談話ができるような時が来ると、それは世界全体が平和であるということの証明なのかもしれません。昨今、日本のホラー映画がアメリカのハリウッドでリメイクされていることがよく聞かれます。まさに、日本もアメリカも平和を謳歌している証拠ではないでしょうか。いつまでも平和な怪談話が発展し時代に即した怪談話ができるようになることを、強く願っています。

第七章　日本人の楽しみ「お盆」は時空を超えた親族が集まる日々

一　お盆休みとウラバンナという祖先霊崇拝の起源

日本人の八月といえば「お盆休み」です。最近では単なる夏休みとしてお盆の送り火や迎え火を行っている家庭をあまり見かけなくなりました。特に都会では、マンションなどの高層住宅が多く、下手に火を起こすと火災報知機が鳴ってしまい近所迷惑になってしまいます。そんな心配もあってか、なかなかお盆の迎え火や送り火を見ることがなくなってしまいました。家庭や建物の事情が変わると風習も変わるものです。

さて、日本の場合は、ヨーロッパのように長期間のサマーバケーションがあるわけではありませんが、世界的に勤勉な国民として有名な日本人も、このお盆とお正月に関しては、休んでよいとされてきました。いつも仕事をしていた日本人は、うれしいこと、思いがけずに良いことがあった時に、「盆と正月が一緒に来たみたい」というような表現でそのうれしさを表現することがありました。実際に、お盆の休みとお正月休みは、現在のようにゴールデンウィークなどの無い江戸時代や戦前の人々にとっては、一年の中で少ない長期休みの期間だったのではないでしょうか。それほど「お盆」というのは「休み」という意味でも、また「家族に会える日」としても多くの人にとって待ち遠しい日であったのです。では、そのお盆と夏休みに関して少し考えてみましょう。

そもそも「お盆」とは、なんでしょうか。お盆は、太陰太陽暦である和暦の七月十五日を中心に日本で行われる、祖先の霊を祀る一連の行事のことをいいます。もともとは、仏教用語の「盂蘭盆《うらぼん》」の省略形として「盆」（一般に「お盆」）と呼ばれています。ここで「盆」とは文字どおり、本来は霊に対する供物を置く容器を意味するため、供物を供え祀られる精霊の呼称となり、「盂蘭盆」と混同されて通称「お盆」といわれるようになったということのようです。

では、そのもととなった「盂蘭盆」とはどのようなものでしょうか。盂蘭盆は、サンスクリット語の「ウランバナ」を中国で漢字に表記したものです。この漢字自体にはあまり意味はなく、基本的には、音をそのまま漢字に置き換えた形になっているのではないでしょうか。サンスクリット語の「ウランバナ」は、現在の「ud《ウド》－lamb《ランブ》」要するに倒懸《とうけん》（さかさにかかる）という意味であるとか、または古代ペルシャ語の「urvan《ウルヴァン》」、「霊魂」という意味が合わさってできた言葉が語源ではないかといわれています。

古代ペルシャでは、現在の日本に近い多神教の考え方がありました。要するにすべての森羅万象に精霊または神が宿っていると考えられていたのです。その精霊は、当然に人間の中にも宿っていて、人間は死ぬと魂の最も神聖な部分、これを古代ペルシャ語、そしてゾロアスター教の中において「フラワシ」という下級霊になっているのですが、そのフラワシになった祖先霊を迎え入れる儀式があり、そのことを「ウラバンナ」といっていたようです。

その儀式が、仏教に入り、そしてインドから中国にわたりそして日本にわたってきたのです。日本にわたってくるときには、「盂蘭盆」という文字で伝わってきています。もともとの「ウラバンナ」という儀式とは関係なく、「盂蘭盆」という漢字の示すイメージと、中国で編纂翻訳された「偽経」である『盂蘭盆経』や、『父母恩重経』や『善悪因果経』などに記載された内容から判断されていたと考えられるのです。

二　中国における「盂蘭盆会」

では、「ウラバンナ」ではなく「盂蘭盆」とはどのようなものでしょうか。これは、中国の祖先崇拝の方法を見て、日本の「お盆」と比較してみるとよくわかるのかもしれません。そこでまず、そのもととなる『盂蘭盆経』に何が書かれているかみてみましょう。

「安居《あんご》（インドでは夏の期間に雨季があり、その雨季はあまり外に出ない。その雨季の期間を言う）の最中、神通第一の目連尊者《もくれんそんじゃ》が亡くなった母親の姿を探すと、餓鬼道に堕ちているのを見つけた。喉を枯らし飢えていたので、水や食べ物を差し出したが、ことごとく口に入る直前に炎となって、母親の口には入らなかった。哀れに思って、釈尊に実情を話して方法を問うと、

『安居の最後の日（旧暦の七月十五日）にすべての比丘に食べ物を施せば、母親にもその施しの一端が口に入るだろう』と答えた。その通りに実行して、比丘のすべてに布施を行い、比丘たちは飲んだり食べたり踊ったり大喜びをした。すると、その喜びが餓鬼道に堕ちている者たちにも伝わり、母親の口にも入った」

〈以上抜粋〉

『盂蘭盆経』などの「偽経」とは、中国や日本などにおいて、漢訳された仏教経典を分類し研究する際に、インドまたは中央アジアの原典から翻訳されたのではなく、中国人が漢語で撰述したり、あるいは長大な漢訳経典から抄出《しょうしゅつ》して創った経典に対して用いられた呼び名です。「偽経」だからといって問題があるのではなく、もともとの本の解説本のようなものとして役立てられていました。

要するに「盂蘭盆」は、「偽経」がもとになっているということは、もともとの仏教の教えとともに、仏教が伝わった中国の伝統そのものの中に祖先崇拝があり、そこに仏教的な要素が加わった儀式ということがいえるのではないでしょうか。

それで中国の「盂蘭盆」は、本来的には安居の終った日に人々が衆僧《しゅうそう》に飲食などの供養をした行事が転じて、祖先の霊を供養し、さらに餓鬼に施す行法となっていき、それに、儒教の孝の倫理の影響を受けて成立した、目連尊者の亡母の救いのための衆僧供養という伝説が付加されたものと考えられているのです。

中国では、梁の武帝の大同四年（西暦五三八年）に帝自ら同泰寺で盂蘭盆斎を設けたことが、『仏祖統紀《ぶっそとうき》』に書かれています。特に「盂蘭盆斎」に特別な注釈や解説がついていないことから考えると、すでに、この時代には「盂蘭盆」という言葉の意味やその儀式は、ある程度認識されていたと考えるべきではないでしょうか。またこの梁の武帝の時代の文筆家である宗懍が撰した『荊楚歳時記《けいそさいじき》』には、七月十五日の条に、僧侶および俗人たちが「盆」を営んで法要を行うことを記し、『盂蘭盆経』の経文を引用していることからも、すでにこの時代には「盂蘭盆」や『盂蘭盆経』が中国には存在していたことがわかります。では中国ではどのようなことを行ったのでしょうか。

もともとの仏教の儀式は、僧侶が他の僧の前において自ら犯した罪を指摘されて、懺悔する「自恣《じじ》」という儀式でした。さらには、亡き親への追善を願って、僧侶達に盆器に持った食事を差し上げて供養する儀式とされていました。中国では、『盂蘭盆経』に書かれている、「尊勝経」、「目連経」が読まれ、餓鬼を供養する願いを発し、諸々の効果のある陀羅尼という呪文を唱えるのです。そこでは、まず経文で餓鬼を呼び寄せます。餓鬼はノドが小さくて食べ物が入らないために、そのノドを大きく開き、その開いたノドに仏の功徳でもって智慧の味が付いた食べ物を与えて供養するのです。その供物は、甘露の法味をもって一切の苦を除きます。そして菩薩が受持するべき戒律を授け、修行するべき楼閣へ安住させて、全ての諸仏へ結縁して悟りの世界に入るようにうながすのです。このことによって、餓鬼が供養され、目連のように、亡くなった母を助ける、母だけでなく先祖を助けることができるとされているのです。

中国では、近年までこのような風習が残されていました。最近では、あまりこのような儀式をする人は少ないようですが、しかし、今でも先祖を大切にする文化は残っており、正月（春節）などに合わせて先祖参りを行うなどされています。

三　八百万の神と先祖崇拝とお盆

日本では、いつごろからお盆の習慣があるのでしょうか。

祖先崇拝の考え方に関しては日本は古来から存在するのです。ある意味でいえば、世界各国の「八百万の神」要するにすべてのものに神が宿ると考えられている土地すべてにおいて、祖先信仰は当然に行われていたと考えるべきではないでしょうか。何しろすべてのものに神が宿っているのです。先祖も形を変えて様々な形で見守っていると考えられています。その先祖に見守られているという考え方は、そのまま先祖崇拝と、将来の子孫たちへの時間的な系譜として重視する形になります。古代ペルシャのゾロアスター教に言う「フラワシ」と同じような信仰が、古代の日本にもあったと考えることは、そんなに難しいことではありません。

特に、日本の場合は古墳という墳墓を作る制度がありました。これは推古天皇の時代まで続いていた風習です。この古墳は、何も大きな墓を作ることが目的ではありません。古墳はあくまでも、亡くなった天皇や有力豪族の「住居」であり、精霊が肉体に戻った時に不自由しないように、生前の愛用品など様々なものが副葬品として埋葬されました。それだけではありません。この古墳は、先代がなくなったのちに、その支配権の引き継ぎを行う儀式の場になっていたのです。ちょうど円墳の部分の上で、墓の中から上がってくる精霊を、新しい王や支配者が引き継ぐ儀式を行っていたのです。

西洋では「王権神授説」というものがありました。しかし、日本など多くの神がいる文化の中では、一人の神が人間に対して王権を授けるという感覚はありません。逆にすべての人間に神が宿っており、そしてその神々に様々な役割があると信じられていたのです。その神々の間に優劣はなく、支配者の霊は支配者としての役割を行うという形になったのです。古墳も調べればその上部に円形に埴輪が埋めてあるなど、儀式が行われた跡なども見られます。

このように古墳の成り立ちなどから、日本に先祖崇拝の文化があったことがわかります。しかし、日本は古代の文献がないので、そのような内容はあまり見受けられません。そこで文献が残っている『日本霊異記』以降の書物でこれらの内容をみていくと、やはり『日本霊異記』に祖先崇拝と輪廻に関する仏法的な内容が書かれています。

しかし、「盆」についてよく書かれているのはやはり今昔物語です。今昔物語は、主に地蔵盆に関して書かれているのですが、『今昔物語集』前編で十三の説話が入っています。

『今昔物語集』巻十七に説かれる僧仁康《にんこう》の逸話では、地蔵盆（地蔵講）についてこのように書かれています。

「今は昔、京に祇陀林寺という寺があり、そこに仁康という僧が住んでいた。時に、治安三年（一〇二三）の四月頃、疫病がはやり、道には死屍が累々と横たわっていた。これを愁えた仁康の夢枕に一人の小僧が立ち、告げて言うには『もし汝が地蔵菩薩の像を造ってその功徳をたたえるならば、現世に迷う人々を救い、あの世では地獄で苦しむ人々を救うことができるであろう』

夢から醒めた仁康は、早速、大仏師康成に頼んで半金色の地蔵菩薩像を作って開眼供養し、その後は多数の道俗男女を集めて地蔵菩薩を供養する地蔵講を催した。そうすると、仁康や信者たちは、ついに疫病に冒されなかった。」

地蔵講、あるいは地蔵祭りは、民間の地蔵信仰であり、中国から伝来した信仰の中の一つです。毎月決められた日に地蔵尊を飾りたて、提燈を吊り下げ、青果や菓子など供えものをしています。このうちで盂蘭盆会の月に行われるものを「地蔵盆」といい、夜には子供会による花火大会があり、大人達は数珠くりを行う風習になっています。奈良時代には上層階級の人々の写経など限られた人々に知られていましたが、今昔物語が書かれた平安時代以降は、貴族から僧侶、下人、従者にまで幅広く、地蔵菩薩の利益が及んでいるのです。

このように、日本のお盆は、もともと日本に存在していたアニミズム信仰における祖先崇拝と、そこに中国から伝わった「盂蘭盆会」の考え方が合わさって、現在のお盆になっているのです。

四　なぜ「おぼん」といわれるようになったのか

それでは、もう少し日本の文献からお盆に関してみてみましょう。お盆は昔「ぼに」と呼ばれていました。これは、人間が死ぬと「鬼」になると思われていたのですが、その「鬼」の語源が「隠爾《おぬに》」であり、「隠れる」という意味に使われているのです。逆に先祖を慕うという意味で「慕」または、盂蘭盆経の逸話より「母」という言葉から、とも言われています。「ぼに」という言葉の「ぼ」という発音にはそのような意味が隠されています。「慕う」または「母」ということからみてくると、藤原道綱の母が嫉妬をする感情を書いた『蜻蛉日記』に「ぼに」という単語が使われています。

「十五六日になりぬれば、盆《ぼに》などするほどになりにけり。見れば、あやしきさまに荷なひ戴き、さまざまにいそぎつつ集まるを、もろともに見て、あはれがりも笑ひもす。さて、心ちも異なることなくて、忌も過ぎぬれば、京に出でぬ。秋冬、はかなう過ぎぬ。」

（般若寺で過ごすのが十五、六日になったので、盆などする時節になってしまった。見ると、びっくりするほどお供えを担いだり頭に載せたり、それぞれに準備のために集まっているのを、夫と一緒に見て、気の毒がったりおもしろがったりもする。そうして、具合に変化もないまま、忌みも明けたことだし、京に出た。秋冬と、何事もなく過ぎた）

ここで書かれているように、すでに平安時代には、お盆にはびっくりするほどのお供えをし、先祖を祀る風習があったのです。このほかにも『うつほ物語』などにも細かくそれらの内容が書かれています。

五　日本のお盆の風習

では、その時から伝わっている各地の内容はどのようになっているのでしょうか。その代表的なものをみてみましょう。

まずは七夕です。七月七日は七夕です。そもそも七夕は棚幡とも書き、故人をお迎えするための精霊棚と、その棚に安置する幡《ばん》を拵える日とされています。その行為を七日の夕方より勤めたために、棚幡がいつしか七夕という字を書くようになったといわれています。なお、お盆期間中、僧侶に読経してもらい報恩することを棚経参り《たなぎょうまい》といいますが、これは精霊棚で読むお経が転じて棚経というようになったともいわれています。織姫と彦星の話は非常にロマンティックではありますが、しかし、それ以外の笹の葉に願い事を書くのも、天や先祖に見てもらって、それらのことを頑張るという仕組みであると考えれば、一つの宗教的な儀式にもみえるのではないでしょうか。

意外なところから入りましたが、次はメジャーなところで「迎え火」です。これは、十三日夕刻の野火を迎え火と呼び、その迎え火を焚いた後、精霊棚の故人へ色々なお供え物をする習わしになっています。これは、各家が火をおこし、自分の先祖の霊が迷わないように明かりをともして迎え入れるということになります。その迎え入れたのちには、家の中の精霊棚、今で

は仏壇などに先祖が戻ってきて、お盆の期間中家族と一緒に過ごすとされています。地方によっては、御招霊など大がかりな迎え火も行われることもあります。

迎え火があれば「送り火」があります。お盆を迎えた翌日の十六日に「送り火」を焚いて、来年も来ていただけますように、そして天下から見守ってくれますようにという願いを込めて迎え火と同様に火を焚いて送り出すものです。京都の五山送り火、いわゆる大文字焼は有名ですね。また、川へ送る風習もあります。いわゆる「灯籠流し」が川で行われる送り火です。このように山や川で火を焚くのは、山や川に精霊が多くいると信じられており、精霊の行き来する道に火をともして、また来られるような道を示すという意味があるといわれています。

もう一つ。お盆の行事で忘れてはいけないのが「盆踊り」です。十五日の盆の翌日、十六日の晩に、寺社の境内に老若男女が集まって踊るのを盆踊りといいます。これは地獄での受苦を免れた亡者たちが、喜んで踊る状態を模したといわれています。精霊が帰ったのちに、精霊が普通に帰り地獄の責め苦がなくなったことの喜びを、送り火とともに示すという意味があるようです。またお盆が陰暦で十五日、要するに十五夜であるということからも、またその翌日が十六夜であることからも、月が明るく、一晩中踊っていられるということもあります。

このほかにも、地方によっては「精霊船」や「精霊馬」を作ってお盆の期間中には、故人の霊魂がこの世とあの世を行き来するための乗り物を作るところもあります。「精霊船」は、まこもで作った船で、お盆の期間中精霊棚に置き、お盆の期間が終わったら灯篭流しのようにお盆中に供えた供物を載せ川に流すような風習があります。また、「精霊馬」では、きゅうりやナスにマッチ棒や折った割り箸などをさして足に見立て、馬を作るのです。ちなみにきゅうりは足の速い馬に見立てられ、あの世から早く家に戻ってくるように、また、ナスは歩みの遅い牛に見立てられ、この世からあの世に帰るのが少しでも遅くなるように、また、供物を牛に乗せてあの世へ持ち帰ってもらうとの願いを込めて作るといわれています。

また「施餓鬼《せがき》」と呼ばれ、餓鬼道に陥った亡者を救ったり、餓鬼棚と呼ばれる棚を作り、道ばたに倒れた人の霊を慰めるなどの風習もあります。また、沖縄県では、独特の風習や行事が伝えられ、代表的なものに、沖縄本島のエイサーや八重山諸島のアンガマがあります。

六　先祖崇拝と日本人の心

このように、日本の「お盆」には、夏休みという意味合いよりも、「先祖と一緒に時間を過ごす」という感覚があります。また、古代ペルシャの「フラワシ」ではありませんが、死んで霊になった人は、そのもっとも神聖な部分だけが天上界または黄泉の国に行けると信じられています。ここに仏教的な「輪廻転生」の考え方が加わります。この考え方から、最も神聖な部分だけを持って生まれてきた赤ちゃんは、常に神の加護があり、そして神聖な存在とされるのです。今でも赤ちゃんのことを「天真爛漫」と表現することがあると思いますが、このような日本人の考え方があらわされていると考えてよいのではないでしょうか。

同じように、日本人の中には、「亡くなった方に罪はない」という感覚があります。死んでしまったのちまで犯罪者だとか悪い人だとか言わないという風習です。西洋などではよく、亡くなったのちに犯罪などが発覚して、その墓を暴いてしまうというようなことがありますが、日本人の場合は、何しろ神聖な部分だけが残っているのですから、そのような罪を亡くなってからも暴き立てる必要がないということになっています。

人は、ある人にとって良くないこと、または罪なことも、別な角度から見れば、良いことまたは役に立つこともあります。時代やその時の加減、または解釈などによって、その人の評価は様々に分離されるものです。日本人のように、生きているときから先祖、そしてその先祖を大事にすることから子孫を大事にするという考え方まで、時間を超えて物事を考える民族にとっては、その時、その瞬間の解釈で物事を決めてはいけないという考え方があります。時の英雄が、時間をおいて反逆者と考えられることも少なくないのです。そのことを最もよくわかっているのが日本人なのではないでしょうか。

また社会的に非難される人物でも、家族には優しかったり、あるいはその逆などということも多数あります。

毎年この時期になると、常に問題になる戦争や、またはそれにまつわる様々なことも、このお盆や日本人の文化、そして日本人の死生観などから考えてみると、案外とわかりやすいのかもしれません。何しろ、戦争で亡くなられた御霊も、現代人の先祖であることは間違いがなく、やはりこのお盆の時期には帰ってくるのです。その精霊たちをどのようにして迎えるのか、そして、その先祖たちに、現代の人々は恥ずかしくない生き方をしているのか。

ある意味で、お盆は家族と会い、先祖と会い、そして楽しい時間を過ごしながら、先祖の生き方や自分の家族の生き方、そして子孫の運命までを静かに考え、見つめなおす時間なのかもしれません。楽しいだけの夏休みではなく、猛暑の中、少し落ち着いて物事を考えてみてもよいのかもしれません。

第八章　日本の秋は実りの秋で食文化をゆっくりと楽しむことについて

一 「〇〇の秋」といわれる良い季節

徐々に秋らしくなってきました。日本で「秋」というと様々な修飾語が付きます。春夏秋冬、日本には四季がありそれぞれに、日本人には様々な思い入れがあります。しかし、だいたいの場合、春・夏・秋・冬の季節につく言葉は、寒暖や気候のことか、あるいは農業に関すること、そして花や動物に関する内容がほとんどです。しかし、秋だけは「人間の趣味」に関する修飾語がつくことが非常に多いのです。例えば「芸術の秋」「スポーツの秋」「読書の秋」というような感じで、私たちが、何をするか、あるいは何をしたかということが中心になった修飾語がつくことが多いのです。

日本は農業国であり、秋になれば収穫の時期になります。収穫が過ぎれば、だいたい一年の仕事は終わりになります。来年に向けた仕事がいくつかありますが、それでも雪に閉ざされる季節を考えれば、春や夏などよりは仕事の量は少なくなります。そのうえ、秋は「中秋の名月」といわれるくらい月も明るく、また、夜も徐々に長くなります。また暑すぎもせず寒すぎもしないという非常に良い気候になるために、秋には、やっと「自分の好きなことを行う時間が作れる」ということになるのではないでしょうか。その農業の話ではなく、少し「〇〇の秋」について考えてみましょう。

まず簡単なのは「読書の秋」でしょうか。読書の秋という感覚は、本が一般に普及してからの単語です。読書週間が秋に実施されるため、「読書の秋」が定着したのではないかとも言われています。日本において「読書週間」は大正十三年十一月に始まった「図書館週間」がその前身になります。

では大正十三年になぜ図書館週間をこの季節にしたのでしょうか。それは、中国の唐時代の詩人韓愈の漢詩に

燈火《とうか》稍《よう》く親しむ可《べ》く

という一節があり、ここから秋が読書にふさわしい季節として、「秋燈《しゅうとう》」や「燈火親しむ」といった表現が使われるようになったのです。「本を読む」「勉強をする」ということで、「苦労して勉強をする」という意味では唱歌「蛍の光」の歌詞が有名です。

蛍の光、窓の雪、書読《ふみよ》む月日、重ねつゝ、

何時しか年も、すぎの戸を、開けてぞ今朝は、別れ行く。

原曲はスコットランド民謡「オールド・ラング・サイン」とされていますし、今ではお店の閉店の音楽として有名になっていますから、皆さんも一度は聞いたことがあるのではないでしょうか。この歌詞の内容は「蛍雪の功」で、これは、昔の中国の晋という国のお話です。

晋の国にいた車胤《しゃいん》という人は、大変優秀でしたし向学心も旺盛でしたが、貧しくて明かりのための油も買えなかったのです。そこで、知恵を絞り、蛍を集めその光で勉学に励んだそうです。また同じ国に住む孫康《そんこう》という人も、貧しくて同じように夜の明かりを取ることができなかった。勉強したくても夜が暗く手本が読めません。そこで、雪の明かりを使って、その雪に反射する月明かりで勉学に励んだそうです。後にその二人は大成したといわれています。この二人の話は、「蛍」と「雪」が出てきます。要するに「夏」と「冬」の厳しい季節に苦学をし、その努力が実って成功したということです。

逆に言えば、夏と冬はいま一つ読書や勉強には向いていない季節。それに比べて秋は、夜も長く、月も明るく、気候もよく、勉強や読書には最適ということではないでしょうか。そのようなことを加味して、また蛍雪の功のような中国の故事を参考にして、「図書館週間」が制定され、現在に「読書の秋」「勉強の秋」というような形でいわれるようになったのです。昔の人にとっては、農作業などに追われることなく、一年の仕事が一つの節目になり、また、気候も良く、秋の夜長にゆっくりと好きな本を読むというのが、最も贅沢な時間だったのかもしれません。

二　「芸術の秋」という庶民の最も美しい季節である「秋」

「芸術の秋」も、読書の秋と同じで近現代になってからの言葉になります。古代から近代までの期間、庶民が芸術を好むという風潮は少なかったのではないでしょうか。それは、一つには、芸術が宗教や権力と強く結びついていたということ、そしてもう一つは日本の場合は芸術が文字文化の中で発展してきたことによるものではないでしょうか。

日本の芸術品といえば、代表的なものは仏像や仏教美術に代表されます。色鮮やかなものや輝くものは、いずれも神の世界のものであるとされ、人間の世界は、それらを羨望するような状態になっています。光が神の世界に通じるというのは、西方浄土という考え方になって表現されます。これは、たとえば海に太陽が降りるときに、海水面上に太陽の光が反射して帯のようになって陸に近づきます。この光の帯を光の道と称し、太陽に象徴される神の世界につながる道であると考えたのです。そもそも太陽そのものが天照大御神であり、その光の先には神々の世界がある。そこにつながる道は、普段は見えないけれど、光の道として特別なときに見えると考えられていたのです。当然に、光の道は、朝ではなく夕方に見ることが多い。そのために太陽が沈む方向、西に「神の世界である浄土」があると考えたのです。

そして神の世界が光り輝いているという思想は、平安時代に確立され、その思想が日本中に広がります。東北三代で有名な藤原清衡は、自らの思い描く「光り輝く浄土」をこの世に生前のうちに作ろうと考え、一つの建物を建立します。それが世界遺産になった平泉の中尊寺金色堂です。屋根や瓦まで全てを金と光で表現した極楽は、その中に多くの仏像が安置され、その下には藤原清衡をはじめとする人々が安置されているのです。彼らの、極楽に対する考え方と、それを求める精神が良くわかる内容ではないでしょうか。

さて、このように芸術は仏教や権力と結びつくようになって発展します。どちらかというと、庶民が芸術を行うのではなく、宗教関係者がまだ見ぬ極楽や仏像を具現化するというプロセスの中で、芸術が発展してきたものであり、それはキリスト教などでも同じ発展の過程をしています。それが、徐々に日用品などに反映されます。宗教儀式に使っていた人形が、いつの間にか女の子の遊び道具になり、初めは薬であったお茶が、庶民に振る舞われる飲み物になり、その道具が宗教や儀式から切り離されて庶民の中の芸術になるのです。

このように考えると、芸術はもともとは、日本の場合季節と関係がないかのように思われます。この芸術が、まさに芸術として成立し庶民の中で一本立ちするのは、明治時代以降の話になります。明治時代以降、芸術が芸術として受け取られるようになり、庶民が芸術に親しむようになります。特に絵画、または俳句や和歌などは、芸術として高く評価されるようになり、海外からの人々が珍重するようになるのです。その中で芸術品がもっとも作られるのが、「秋」なのです。

日本の「秋」は、色がすべて「赤か黄色」になります。もちろん紅葉のことです。稲も実って黄金になり、それがそのまま存在するだけで日本の美しさを表現する最高の舞台になるのですが、それらの鮮やかさを残す、という意味で、芸術家が最もイマジネーションの沸く季節が、当時「秋」であったとされているのです。

また、稲作の影響で、日本全国で豊穣の祭りが行われます。現在でこそ、夏休みにあわせた祭りなどで観光客がにぎわうことが少なくありませんが、新嘗祭を含め、五穀豊穣と来年の豊作大漁を祈願する祭りは収穫の季節に行われ、その祭りには、地域の色を示したさまざまな山車や神輿、または巫女の舞や神楽が出されるのです。それらもすべて「秋」のお祭りであり、先祖が帰ってくるお盆の儀式とは別に行われるのが風習になっています。

これらの祭りが、最も庶民における「芸術」の場所なのかもしれません。このように考えると「芸術の秋」は、まさに日本の秋祭りや宗教から切り離され、庶民の中で根付いた「日常の中の美しさ」を表現する、最も良い季節が「秋」とされたということではないでしょうか。

三　「スポーツの秋」と「食欲の秋」

さて、あと代表的な「〇〇の秋」は「スポーツの秋」でしょうか。やはりこれも近現代日本の象徴であるかのような内容になってしまいますが、日本人に古来「スポーツ」という概念はありません。スポーツそのものよりもそもそも田畑の作業が運動ですから、本来は、スポーツなどしなくても十分に健康でいられるようになります。特に、田畑の作業は、朝早くから行うのが常ですので「早寝早起き」で「体を動かす」ということになり、なおかつ「無農薬の最もおいしい旬の食材」を口にするのですから、健康でないはずがありません。

しかし、昭和になり高度経済成長になってから、会社などの労働が行われるようになりました。地面はアスファルトで覆われ、真夏に運動すると熱中症でかえって健康を害するような状態になります。そこで、適度に体を動かし健康に気をつけるということになれば、当然に、気候の良い「秋」に行うということになります。春も気候がよいのですが、春は新入社員がいたり、入学や卒業があったりと、何かと忙しく忙殺されてしまい、夏を過ぎて落ち着く「秋」が最適とされています。

そのきっかけとなったのが東京オリンピックです。東京オリンピックはさまざまな都合により、他の国と違って秋に行われました。現在は第二日曜日となっている「体育の日」も、もともとは十月十日で、これは東京オリンピック開会式の日であったために、この日が「体育の日」となっているのです。

体育の日、スポーツの秋でもわかるように、日本人はとかく健康等にも敏感になります。そこで、「〇〇の秋」の中で、最も古くから存在する代表的なものがあります。「食欲の秋」「味覚の秋」といわれるものがそれです。

九月に入ると秋の食材がさまざまに出てきます。一般に「果物の夏・食物の秋」といって「食欲の秋」とはよくいったもので、この季節は、私のようにダイエットをしている人にとってはもっともよくない季節であり、何とも悩ましい季節なのです。実際に痩せなければならない人が、秋になると我慢するのが大変になるというのは、経験のある方も少なくないのではないでしょうか。

基本的に「秋」は、真夏の暑さであまり食欲がなく夏バテをしてしまっていた身体が、徐々に温度が落ち着いてきて、食欲が回復してくる季節であり、その上で、「実りの秋」でおいしい食材が手軽に入る季節になるので、より一層食欲が増すという意味合いがあります。また、この季節の食材は、多くのものが旬を迎えるものばかりで、非常においしいものばかりです。稲作文化の日本の場合は当然にこの時期に新米を得ることができます。しかし、それだけではありません。秋の季語となっている食材は代表的なものだけでも百十もの種類があるのです。この時期は、穀物、イモ類がすべて収穫の時期ですし、きのこ類もほとんどがこの時期になります。

四　秋の食材の王様「マツタケ」「柿」を文学の世界で表現する

特に秋の食材の王様といえば「マツタケ」ですが、この松茸は、日本人がめでたい植物として考えている松から生えてくる「茸」ですから、その香りだけでなく、その由来や生育なども含めて、非常に珍重されています。この秋の食材に関しては、日本の文学でも様々にうたわれています。そもそも松茸は日本でも古くから食べられており、その香りはもっとも高貴なものの一つとして珍重されていました。その様子は『万葉集』にも

高松の　この峰も狭《せ》に　笠立てて　満ち盛《さか》りたる　秋の香のよさ　（巻十‐二二三三）

「高円山の峰も狭しとばかりに、まぁ見事に茸の傘が立ったことよ。眺めもさることながらこの香りの良さ。早く食べたいものだなあ」と作者不詳でうたわれていたほどで、日本人は松茸を見るとその香りで「食べたい」と思うものなのです。

「実りの秋」といえば、何も主食ばかりではありません。秋の果物で代表的なものが「柿」です。有名な

柿食えば　鐘がなるなり　法隆寺

も秋の俳句で有名なものではないでしょうか。この俳句は、明治の俳諧正岡子規の代表的な俳句で、皆さんも一回は聞いたことがあるのではないでしょうか。正岡子規は、東京で記者をしているときに吐血し、結核にかかってしまいます。故郷松山で療養をするのですが、少しして病状が良くなったために帰京します。その旅の途中、奈良に立ち寄った時に生まれたのが、この俳句です。子規が随筆『くだもの』を執筆中、漢詩にも和歌にも奈良と柿とを配合した作品がないということに気付き、その新しい配合を使った俳句に喜んだといわれています。

柿と入っているだけで、秋の話、そして鐘がなるという単語で夕方の寺の鐘の音であろうということが想像がつくではないですか。たった十七文字、世界で最も短い「歌」で季節と情景が浮かんでくるのは、日本人特有の感覚ではないでしょうか。そして、日本人はこの「柿の味」が口の中に浮かび、そして鐘の音が聞こえてくるような感覚になるのです。この感覚の共有こそが、日本人の証明なのかもしれません。なお、蛇足ですが、一九一六年九月、法隆寺境内に

子規の筆跡によるこの句の句碑が建てられています。また、二〇〇五年、全国果樹研究連合会は十月二十六日を子規がこの句を詠んだ日として「柿の日」と制定しています。この俳句の与えた影響は非常に大きなものです。

五 「秋」の季語にある代表魚「秋刀魚」と「鰯」をめぐる古今の話

秋の味覚とは植物ばかりではありません。鮭・鰹などは本来秋の食材で、鰹は戻鰹と呼ばれ、秋鮭の中で最高級なものは鮭児《けいじ》といって珍重されています。日本の周りに来る多くの魚は、大きく分けて二つのパターンで回遊してきます。それは季節によって回遊するパターンと、鮭などのように産卵のために日本の河川に戻ってくるパターンの二つです。秋にとれる魚は「秋鮭」「秋鯖」など、わざわざ通常のものと区別するために「秋」という単語をつけたり、あるいは、普通のものと違うという意味で「落鮎」「落鰻」など、「落」、要するに季節から外れているという単語を使うパターンがあります。いずれも「秋」「落」という漢字がついている方がおいしいとされています。

江戸時代には、旬よりも「走り」を食することが、日本人の価値として最も貴重なものということがあげられましたが、実際においしいのは秋の魚といわれています。特に鮭など産卵のために来る魚は、卵を持ってそれを生むために力を蓄えていますから、非常に脂がのっていておいしいといわれています。

しかし、それとは別に「秋」という字が入っている魚があります。一つは「鰍」これで「かじか」と読みます。「杜父魚」と書いたほうがなじみがあるかもしれません。もう一つは「秋刀魚」要するに「サンマ」です。

秋刀魚が文学で表現されるので最も有名なのは「目黒のさんま」ではないでしょうか。「目黒のさんま」のあらすじは、

「殿様が目黒まで遠乗りに出た際に、供が弁当を忘れてしまいました。殿様一同腹をすかせているところに嗅いだことのない旨そうな匂いが漂ってきました。殿様が何の匂いかを聞くと、供は『この匂いは下衆庶民の食べる下衆魚、さんまというものを焼く匂いです。決して殿のお口に合う物ではございません』と言います。殿様は『こんなときにそんなことを言っていられるか』と言い、供にさんまを持ってこさせました。殿様は、食べてみると非常においしく、殿様はさんまという魚の存在を初めて知り、かつ大好きになったのです。

それからというもの、殿様はさんまを食べたいと思うようになります。ある日、殿様が食べたいものを聞かれると、殿様は『余はさんまを所望する』と言います。しかし庶民の魚である

さんまなどお城にはありません。あわてて部下は日本橋にさんまを買いにゆきます。お城での料理は殿様の健康を気遣います。さんまを焼くと脂が多く出ますが、それでは体に悪いということで脂をすっかり抜き、骨がのどに刺さるといけないと骨を一本一本抜いて魚の形もなくなってしまいます。こんな形では出せないので、練り物にしておわんに入れて出します。これはかえってまずくなってしまった感じです。殿様はそのさんまがまずいので、『いずれで求めたさんまだ?』と聞くと、部下は『はい、日本橋魚河岸で求めてまいりました』そこですかさず殿様は『ううむ。それはいかん。さんまは目黒に限る』

これは、殿様があまりにも世間知らずで一般庶民の生活を知らないということと、その殿様を過保護にしている部下たちを笑いのネタに変えたものです。殿様の無知は、殿様が、海と無縁な場所(目黒)でとれた魚の方がうまいと信じ込んでそのように断言する、というくだりが落ちであり、それを笑いにしているのが日本人の庶民のパワーですね。ある意味で、殿様が絶対的ではないし、庶民が必ずしも殿様に従っているだけではない日本の支配状態が良くわかる落語になっています。

しかし、この落語で明らかになるのはそのような殿様と庶民の主従関係ではありません。実際に、この物語で最も重要なのは「秋の秋刀魚はおいしい」ということです。秋刀魚が月並み

第8章　日本の秋は実りの秋で食文化をゆっくりと楽しむことについて

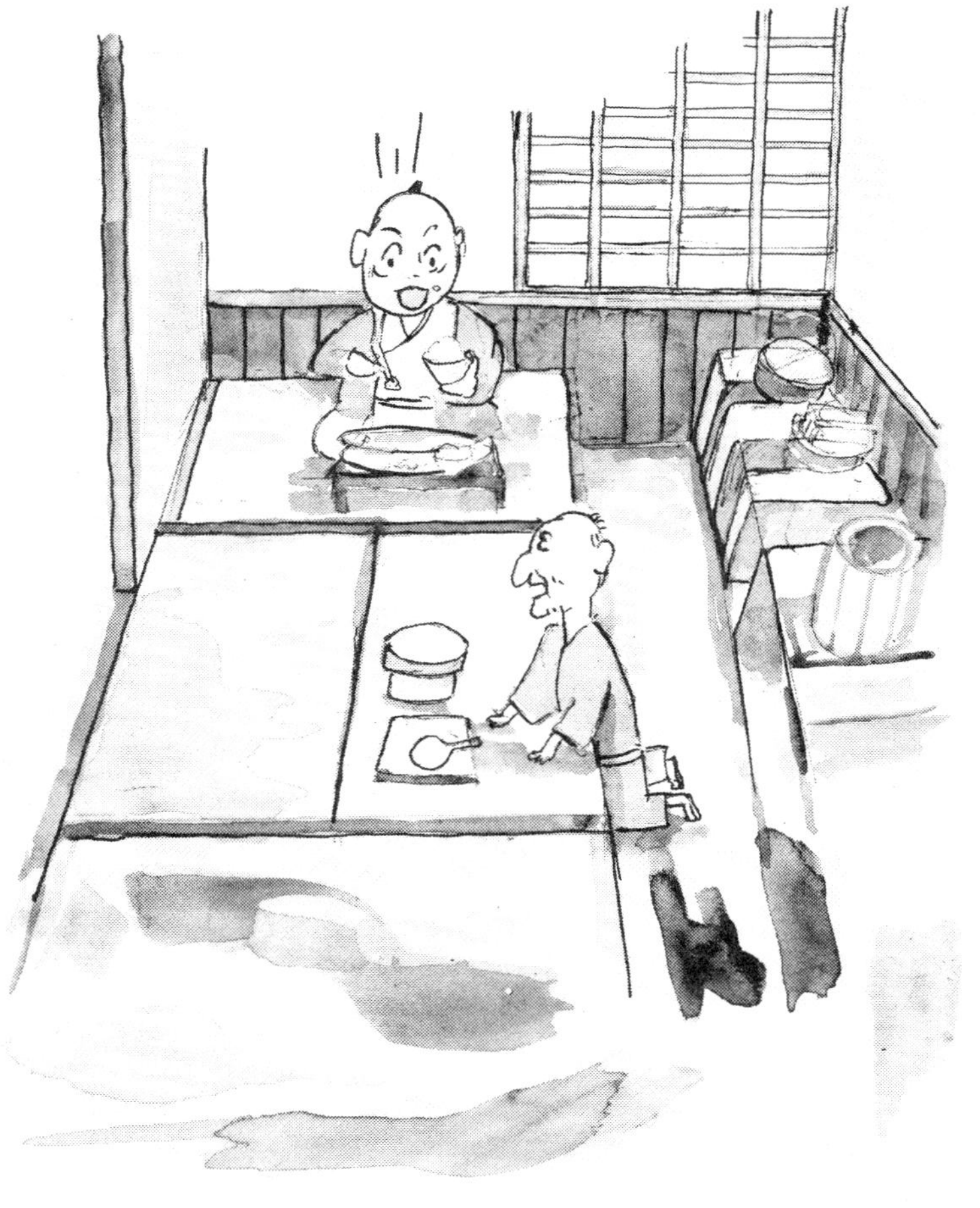

な、そしてお城で出る食事と同じ程度の味ならば、この落語は成立しないのです。そして、その秋刀魚のおいしさを庶民がみんな知っているということです。誰でも知っている非常においしい食材を、殿様は何も知らないということ、そしてそれを出す殿様の部下たちが、ものの見事に秋刀魚のおいしさを取り除いてしまうこと。そのおいしい部分、例えば秋刀魚の脂など、それは庶民が最もよくわかっているということではないでしょうか。秋刀魚そのものの魅力を庶民が知り尽くしている。その前提がなければこの話が成立しないのです。これが「松坂牛のA5ランク」では、おいしいのはわかりますが、庶民皆がその感覚を身近に共有できないということになります。この落語を聞いて「殿様の無知」を笑う人はいても「秋刀魚がまずいはずだ」と言うような人はいないのです。日本人の味覚に「秋の秋刀魚」は庶民の食卓には欠かせない品になっているのではないでしょうか。そして、殿様の教育も、庶民と殿様の身分の差も、すべてのしがらみや世の中の仕組みが、実は「秋刀魚のおいしさ」という「味覚」ですべて消し飛んでしまうということなのです。それほど日本の秋の味覚はおいしいと言えるのではないでしょうか。

同じような話が平安時代にも残されています。

『源氏物語』で有名な紫式部が、鰯が好きで鰯を食べました。しかし、鰯は漢字で「魚へんに弱い」と書き、なおかつ音が「賤しい」に通じるということで、貴族の間ではあまり食されなかった縁起の悪い魚であるとされました。鰯も油の多い魚ですから料理をするとにおいが残ります。夫の藤原宣孝はすぐに妻が鰯を食べたことをわかってしまいました。紫式部は夫から「そんな下品な下魚《げさかな》を食べていると身分に恥じますぞ」と言われました。そうすると式部は和歌でやり返しました。

日の本に　はやらせ給ふ　石清水　まいらぬ人は　あらじとぞ思ふ

「日本人なら石清水八幡宮に参らない人がいないように、鰯を食べない人はありますまい」という意味で、「いわし」と「いわしみず」をかけた文学が得意な紫式部らしい和歌の反撃に、夫の藤原宣孝はそれ以上何も言わずに引き下がったといいます。

「鰯」は、実は秋の季語に入ります。そして、鰯は庶民の魚の代表格ですが、これは、実は平安時代からずっとそうなのです。そして当時の貴族は、海のある場所から京都まで非常に遠く、新鮮さを保ちながら魚を運ぶ技術もなかったことからなかなか新鮮な魚を食べなかったということがあげられ、脂分の多い魚は、京都ではあまり食せなかったという事情があります。そのために、鰯や秋刀魚などは当然に、京都では食べられるものではなかったのです。逆に海で肉体労働を行う庶民の食べ物として油の多い魚は認識されていました。魚でも大きな魚が格が上とされていましたので、鰯のように小さく、そして普段は食べることのない魚は、貴族の間では賤しいとされていたのではないでしょうか。

しかし、それだけに食べるとその味はまた格別です。紫式部が夫婦げんかをしてまでも「鰯」を食べたかったというのが良くわかります。この話も、鰯という「秋の味覚」が貴族や賤しいという不名誉な評判などを吹き飛ばし、そして、おいしいものを食べたいという日本人の感覚が勝った例として挙げられるのではないでしょうか。

六　日本人と食の文化

日本人は、このように非常に食文化に恵まれていますし、その食文化が優先して、身分や評判を覆してしまいます。これは、日本人特有の宗教観、「魚や植物にも命と神が宿っている」というアニミズム的な感覚の影響が非常に大きいのではないでしょうか。日本人の、人間の間にある決まり事よりも、食材の命や神との関係の方を重視するということが一つの理由になっていたと考えられますし、また、そのようなことを言っておいしいものを追求する、日本の食文化に大きく影響されているのかもしれません。

そもそも日本の文化は中国などから伝来したものが多くあります。その中でも食文化は非常に多く中国などから伝来していますが、日本の古来の日本食の中にそれらを取り入れて新たなものを生み出してきました。その日本の文化が、最もよく表れているのが日本の食文化なのかもしれません。

そのように様々に形を変えることのできる食文化は、日本の恵まれた国土、そしてきれいな水、そして豊富な食材によってもたらされているということができるのかもしれません。この日本を食材が豊富という意味も含めて「豊葦原《とよあしはら》」と、あえて「豊」という漢字を付けて名付けた古代の人々の感覚が良くわかるのではないでしょうか。

食欲の秋、味覚の秋です。日本人はやはりこの「秋」を食べることを楽しまなければならないのではないでしょうか。皆さんも改めて、「秋」を目と頭と、そして舌で楽しんではいかがでしょうか。

第九章　日本人の紅葉を愛でる心から見る
自然とともに生きる日本人の心

一　紅葉がまぶしい季節です

十月も後半になると紅葉の季節になります。山々は燃えるような赤になったり、あるいは銀杏が黄色く色づく美しい季節です。この季節になると、心の中で歌声が響いてきます。歌の題名を言う前に、まずその歌詞を書いてみましょう。

秋の夕日に照る山もみじ
濃いも薄いも数ある中に
松をいろどる楓《かえで》や蔦《つた》は
山のふもとの裾模様《すそもよう》
溪《たに》の流に散り浮くもみじ
波にゆられて　はなれて寄って
赤や黄色の色さまざまに
水の上にも織る錦《にしき》

もうおわかりと思います。この歌は、作詞・高野辰之、作曲・岡野貞一による日本の童謡・唱歌「紅葉《もみじ》」です。岡野・高野コンビは、「紅葉」の他にも「故郷《ふるさと》」、「春が来た」、「春の小川」、「朧月夜《おぼろづきよ》」などの日本の名曲を数多く残していますが、この「紅葉」の歌詞も、「春が来た」や「朧月夜」そして「故郷」のように、日本人の美しい景色と、その景色をめでる心を美しく歌っています。この歌詞のような気持ちにならない日本人は少ないのではないでしょうか。

さて、日本には四季があります。その四季の季節それぞれに美しさがあるのではないでしょうか。春はすべての命が生きている喜びを表す季節。冬からやっと暖かくなって、色とりどりの花やその花に吸い寄せられる蝶々などの美しさは、花という単語に代表されています。この美しさから華やかというような単語も生まれてきています。

夏の生命力にあふれたまぶしいほどの緑は、春とは違った美しさを強さとともに持っています。なにしろ伸びるという感覚は、天に向かってゆくという感覚になります。青く突き抜ける空、そして、天に伸びる緑、場合によっては白い砂浜と、そして何より忘れてはならないのが、地上の者すべてに恵みを与える太陽の暑さ、そして夕日の赤さが印象に残ります。春のやわらかい色合いと違って、原色系のはっきりした美しさがあるのではないでしょうか。

冬は冬で、雪の白が基調です。すべての色を封じ込めて、すべての汚いものも美しいものも白い雪の下に押し込めてしまう。日本人の忍耐の強さや耐え忍ぶ心その強さを「白」という色一色で、きれいに彩ることができる美しさがあります。

これらに比べて秋の美しさ、要するに紅葉の美しさは独特のものがあります。この美しさは、春や夏の美しさとは全く異なるものではないでしょうか。そしてこの各々の美しさの中に、日本人の心が表れているのではないでしょうか。紅葉するという現象は、同じような気候で地理的な条件が合えば同じことができます。しかし、その現象に対して思う心は、各国の文化や習慣、そしてその文化に慣れ親しんだ人の心を表しています。この章ではその中で、「紅葉」を愛でる日本人の心に関して考えてみたいと思います。

二　モミジと紅葉《こうよう》

紅葉の代表は「モミジ」ですね。では「モミジ」をどうして「紅葉」と書くのでしょうか。そもそも「もみじ」とは、「もみつ」という単語が変化してできた言葉です。「もみつ」とは揉むという言葉の中の一つであり、揉み出すという意味になります。これは、木々が色づくことを、もともとは秋の寒さや秋口の霜、または朝晩の冷え込みなどによって、緑色の葉から、赤や黄色の葉を揉み出すというように考えられていたのです。もちろん、科学の無い時代のことですから、揉むのは山の神々です。

山の神々は、基本的に日本では女性であるとされています。日本では妻のことを山の神と呼称して、男性が謙遜する表現が出てくることもあります。古い農村の間では、春になると山の神が山から下りてきて田の神となり、秋には再び山に戻るという信仰があるところもあります。神が下りてくると桜が咲き、山の神が山に帰ると紅葉するというような感じで神の移動を表す色として、農村では考えられていたのです。

山は農耕に欠かせない水の源であるということや、山には冬の間も針葉樹とはいえ木々に葉があり、「生きている」というような感覚があります。生物をいっくしみ、新たな種を産むのは女性の役目です。そのために、山の神は女性であるとされていて、木々や稲などの植物だけではなく、小動物や昆虫なども、山で生まれるとされていました。山の神は一年に十二人もの子供を産むとされ、それらがすべて里に下りてきたり、あるいは山で暮らして人々に恵みを与えてくれる。逆に山の神が怒ってしまうと、狼や熊などが人を襲うようになり、また、神が下りてこなくなって不作になるということになってしまうのです。

さて、山の神は、非常に美しいものを好みます。そのため、山の神は、里の稲が黄金色になって刈り取られた後になると、山に戻って木々に色を付けます。色を付けるために寒くしたり、場合によって霜を降ろしたりして木々が本来持つ美しい色を揉み出すのです。揉み出すという感覚は、平安時代からもあった草木染によるもので、ちょうど白い布に草木から出した染料を浸した桶の中で揉んで色を定着させます。山の神々にとっては、白い布が木々や葉であり、草木染の元となる草木の本来の色を、たまに雨を降らせ、たまに温度を低くして、草木染のように揉み出し、そして、木々に紅葉の色を定着させるのです。神々が「こうよう」の色を作り出すという考え方は、当時の日本人に森羅万象すべてに神々が宿るという感覚があり、その感覚が「こうよう」も作り出すということになっているのです。その「こうよう」の中で、最も代表的なのが「モミジ」です。

奈良時代は「こうよう」は「黄葉」と書いていました。これは、ある意味でイチョウや稲の黄金色ということが念頭にあったことからそのような漢字があてられたと思われます。イチョウやヤナギは葉が色づくと黄色くなります。奈良時代は、それらの木の色のほうが主流であったのではないでしょうか。そのために、奈良時代は「黄葉」を「こうよう」と呼んでいたのです。

しかし、白居易の『白氏文集』が八四〇年くらいに伝来し、漢詩を書くことがブームになると、その文集の中の一つの漢詩が話題になります。

林間煖酒焼紅葉（林間に酒を煖めむと紅葉を焼く）
石上題詩掃緑苔（石上に詩を題せむと緑苔を掃く）

この『白氏文集』の影響から平安京時代、特に『古今和歌集』以降になると「こうよう」を「黄葉」ではなく「紅葉」と書くようになってゆくのです。同時に、「こうよう」を愛でるということになると、「紅くなる葉」を珍重するようになり、平安時代の庭園や寺院を作るときにはモミジを中心に植えて、人工的に造ったものです。京都の寺院の紅葉は非常に美しくまた千年を超える伝統がありますが、しかし、それらは自然に生えたものではなく、人工的に作ったものなのです。

平安の人々は山賊が出るかもしれない山まで紅葉を見に行くことはしません。近くに人工的とはいえ、美しい紅葉を見ることができるのです。そのためその代表であるモミジに「紅葉」という漢字をあて、なおかつ「揉み出す」という意味の「モミジ」という呼称を与えたのです。

現在も紅葉の名所は限られています。これは、平安時代以降大規模に楓紅葉《かえでもみじ》を中心に庭園や山野を形作っていったからであり、人が思う秋の風情を作り上げるための、千年を越える努力によるものだからです。

三　『万葉集』では「こうよう」は「黄葉」と書いていた

このように考えてみると現在の紅葉の名所は京都が中心で、平城京のあった奈良には少ないということに気づきます。奈良公園の紅葉といっても、京都の紅葉のような真っ赤なイメージはありません。イチョウなど黄色の絨毯のように広がった葉の上に鹿がいるというような光景が思い浮かびます。奈良公園の「こうよう」は、「黄色」と「紅」が混じった感じになります。では、その『万葉集』にはどのような「黄葉」が出ているのでしょうか。

実は『万葉集』には百を超える「黄葉」の歌が掲載されています。これに対して「紅葉」という単語の歌は一種しかありません。

妹がりと　馬に鞍置きて　生駒山　うち越えくれば　紅葉散りつつ（巻十 - 二二〇一）

「彼女に会うために当時の『自家用車』である『馬』の背に鞍を置いて生駒山を越えてきたところ、そこはもう秋で紅葉が散りはじめていた」という意味の歌で、はるばる田舎の大阪またはそれより遠方の西国から奈良の都に彼女に会いたい一心で来てみたら、実は生駒山のモミジはすでに紅葉していたのです。当時も今も「都会の女」といえば、少々ステータスがあったのではないでしょうか。その女性に会いたい一心で生駒山を超えるとは、なかなかロマンのある歌です。この男性、都会に住んでいる彼女とはうまくいったのでしょうか。私は、うまくいかなかったのではないかと考えています。

『万葉集』や『古今和歌集』の中で「紅葉」「モミジ」「黄葉」というような言葉は、葉の色が変わるということから「心変わり」という意味も含まれます。『万葉集』では、うつろい、散るところから、「移る」「過ぐ」にかかる語として「黄葉の」という枕詞もあるほどです。要するに、この男性は「一生懸命生駒山を越えた」けれども「すでに二人の関係は『秋』で、心変わりをした女性の心は散りはじめていた」というような読み方もできます。実際のところはよくわかりませんが、葉の「色が変わる」ということから「心変わり」を表す枕詞にするなどというのは、日本人の自然と調和した心の動きをよく表しているのではないでしょうか。

そのようにみてみると、「黄葉」という単語を使った歌でも「悲恋の歌」が多いのが『万葉集』における紅葉の特徴ではないでしょうか。

穂積皇子《ほづみのみこ》といえば、同じく天武天皇の皇子で異母姉か妹の但馬皇女《たじまのひめみこ》との恋で有名です。しかし、但馬皇女は高市皇子《たけちのみこ》の妃ですから、そのような恋愛は許されません。穂積皇子が勅命により、近江の志賀寺に遣わされ、二人の仲は裂かれてしまいます。この二人の恋は露見し、持統天皇の命令により穂積皇子が罰されたと考えられます。但馬皇女のもとを離れ、仲を引き裂かれて近江に遣わされた時の歌が、『万葉集』の中に残されています。

今朝の朝明《あさけ》　雁《かり》が音《ね》聞きつ　春日山　黄葉《もみち》にけらし　我《あ》が心痛し（巻八‐一五一三）

「今朝の夜明けに雁の声を聞いた。おそらくもう春日山も黄葉はした頃だろう。そう思うと我が心も痛む」

秋萩は　咲きぬべからし　我が屋戸の　浅茅が花の　散りぬるを見れば（巻八 - 一五一四）

「秋萩は咲くべき時になったらしい。私の家の浅茅の花がすっかり散ってしまったのを見ると」穂積皇子は、秋が来た事に美しさを見出すよりも、悲しみの情の方を強く感じており、「わが心痛し」として表現しています。確かに、この「痛し」という形容からは、ただ切ない、何となく物悲しいというよりも、文字通り痛切な感情の方をより強く感じます。やはり、但馬皇女との悲恋への苦悩や悲しみが連想されてきます。

その但馬皇女も、和銅元年の六月に若くして死んでしまいます。穂積皇子は、その死を悼み挽歌を残しています。

降る雪は　あはにな降りそ　吉隠《よなばり》の　猪養《ゐかひ》の岡の　寒からまくに（巻二 - 二〇三）

「降る雪よ、あまりたくさん降ってくれるな、吉隠の猪養の岡に眠るあの人が寒いだろうに」と、自分と最愛の但馬皇女が引き裂かれたときは「黄葉」を使って、心変わりまたは自分の運命の変化を表現しています。恋の花が咲き、盛りの夏を過ぎて、秋になってしまった。終わりかけの恋と、その美しい思い出は「黄葉」という言葉でうまく表現されています。そして、その後、永久の別れには雪という言葉を使い、閉ざされてしまった恋を冬のイメージと重ねて表現しているのです。秋と冬の季節のイメージまで使った、非常に素晴らしい歌といえます。現代社会で、季節や季語、枕言葉などをうまく使い、直接的な表現を行うことなく、美しい表現で、それでも目の前に絵が浮かぶようなこのような言葉を使える人は大変少ないのではないでしょうか。『万葉集』の時代の歌人が、文化人であり、同時に現代のような直接的な表現を使うことなく、自分の心を季節や自然のものに例えてうまく表現したのは、やはり自然を愛でる心を持っていて、その感性が研ぎ澄まされていたからではないでしょうか。

四　王家の黄色と黄色の葉

では、奈良時代はなぜ「黄色」が中心だったのでしょうか。実は「黄色」にも意味がありま す。一般には、この黄色は黄泉の国に通じるのではないかといわれています。しかし、冒頭の「紅葉」の歌詞をよく思い出してください。「松をいろどる楓《かえで》や蔦《つた》は山のふもとの裾模様《すそもよう》」とあるとおりに、彩る木々は、山のすそ野のほうに広がっています。そのために、黄泉の国に通じる山の上の方には、実は黄色く色づく黄葉は少ないということになるのではないでしょうか。山の裾が黄泉の国につうじるというのではいささか問題がありますし、また、黄泉の国が「移ろう心」とか「心変わり」という枕詞に通じるのも、少々おかしな話になります。

『万葉集』の中で「黄葉」がうたわれながらも、黄泉の国とつながらないものもあります。

秋山の　黄葉《もみち》を茂み　迷《まと》ひぬる　妹を求めむ　山道知らずも（巻二－二〇八）

「秋の山の黄葉があまりに茂っているので、迷い入ってしまわれた恋しい妻を探し求めるに、山道がわからない」

これは有名な柿本人麻呂の長歌の反歌の一つです。人麻呂は、軽の里、現在の奈良県橿原《かしはら》市大軽《おおがる》町あたりに住んでいた女性を妻にしていました。なぜか葬儀に出席できない人麻呂は、その妻の死亡の伝えを受けた後、思い出の地を悲しみにくれ彷徨しています。その彷徨するさまを「黄葉《もみち》を茂み迷ひぬる」というように表現しています。この表現から亡くなった妻は、黄泉の国にいるのではなく、里にいるということを意味しています。また人麻呂の心も山で迷っているのですから、黄泉の国に入っていません。黄泉の国を連想させるようにはしているかもしれませんが、しかし、黄葉と黄泉の国は別物であるということになるのです。では、なぜ奈良時代は「黄葉」「黄色」を重視したのでしょうか。

これは、奈良時代が「天平文化」という中国の仏教文化に強く影響された時代であったということに由来しています。この時代に中国の陰陽五行説が伝わり、仏教とともに日本の文化や思想に非常に強い影響を与えます。

陰陽五行説というのは、中国で作られた占いというか、哲学というようなものです。古代中国では、自然界のあらゆるものを陰《いん》と陽《よう》にわけました。たとえば、太陽は陽で月は陰、奇数が陽で偶数が陰、表が陽で裏が陰という具合になります。こうした思想を陰陽思想といい、この陰陽思想はやがて五行と結びついていくことになります。

五行の思想は自然界は木《もく》、火《か》、土《ど》、金《ごん》、水《すい》の五つの要素で成り立っているというものでした。五行の行という字は、巡るとか循環するという意味があります。五つの要素が循環することによって万物が生成され自然界が構成されていると考えられていたわけです。この中で、自然界だけでなく、方角と色が組み合わさって、様々な「まもりがみ」になっていったのです。現在でも大相撲で土俵上の吊屋根の四隅に四色の房が垂れ下がっていますが、これを四房《※しぶさ》といいます。四房のそれぞれの色は四季と天の四神獣をあらわし、五穀豊穣を祈念しているともいわれています。この天の四神獣は高松塚古墳などにも描かれています。

※四房

正面東側　（東北）青房　東方の守護神　青龍神（せいりゅうしん＝青い龍）春

向正面東側（東南）赤房　南方の守護神　朱雀神（すざくしん＝赤い鳥）夏

向正面西側（西南）白房　西方の守護神　白虎神（びゃっこしん＝白い虎）秋

正面西側　（西北）黒房　北方の守護神　玄武神（げんぶしん＝黒い亀）　冬

そしてこれらの真ん中が「黄色」であるとされています。要するに「黄色」は陰陽五行の考え方では特別な色で、中央を意味するということになります。秦の始皇帝の時代から、皇帝の服は黄色とされていますし、日本においても黄色は天皇のいる場所として考えられていました。当時の絵巻物でも、黄色の服を着るのは、天皇陛下であったのです。

このような考え方から、奈良での「こうよう」は「黄色」とされていたのです。これが『白氏文集』の伝来以降、徐々に「紅葉」に代わっていったのです。

黄色の葉を見て、一年の法則などを味わい、天皇しか身にまとわない黄色を愛でるということは、なかなか良いことであったのかもしれません。平安時代になって国風文化になると、陰陽五行説の考え方が薄れ、ただの黄色という感覚になったのかもしれません。そこから、日本独特の「紅葉」が生まれてきたのです。

五　紅葉は見るものではなく「狩る」ものという認識

さて、この紅葉の季節は、「紅葉狩り」をしますね。春の花見は花「見」であるのに、「紅葉」は「狩る」という単語を使います。採取するわけでもなく、触れることもなく楽しむのになぜ「狩り」なのでしょう。

「狩り」は、もちろん私たちが現代も使う、獣を捕まえるという意味からきています。それが、獣より小さな野鳥や小動物にも用いられるようになり更に果物などを採取する意味にも使われるようになったのだそうです。確かによく考えて見ると、ぶどうやいちごにも「狩り」が使われていることに気付きます。

このことから「狩り」とは「自然にあるものを自分のものにする」という意味があるようです。花見の「花」は桜ですね。以前の文章で紹介したように、稲の神様である「さ」が座る場所「くら」であるので「さくら」となります。要するに、桜はあくまでも神様のものであり、人間が自分のものにすることができません。それだから、どうしても「さくら」は「狩る」ことができず「見る」ことしかできないのです。

これに対して、「紅葉」は、神が「揉み出した」色であっても、それはあくまでも里のものです。だから、稲や木の実と同じように「狩る」ことができます。山の神は揉み出した後、そこに宿っているわけではありません。それだけに、里の人は色づいた後のモミジは、小動物や野鳥、またはイチゴや果物と同様に「狩る」ことができるのです。また、紅葉狩りが行われる十月は「神無月」といわれる月です。この月は出雲大社に全国の神が集まって一年の事を話し合うため、出雲以外には神がいなくなるといわれ、紅葉狩りをするときは、里に神がいない時期でもあるのです。まさに、そのことが「自然のものを狩る」というような感覚につながっているのではないでしょうか。

では、「見る」だけなのに「狩る」というのは、どういうことでしょうか。武器を持ったり狩りをしない平安の貴族が、自然の中に出て「見つける」「探し出す」ということを「狩る」というようになりました。要するに、平安の貴族たちは、自然を愛でて心の中に留めることが、「心の中で自分のものにしてしまう」ということで、「狩る」という言葉を使うようになっていったのです。眺めたり見たりして心に留めることを「狩り」と表現して、風流に過ごすという習慣が、現在まで伝わってきているのです。

ちなみに、京都の寺などでは「狩り」をすることは古くは「殺生」につながるとされて、非常に忌み嫌われていました。そのために「紅葉狩り」ではなく「紅葉借り」というような漢字があてられたりします。寺の間の作り方で「借景」というものがあります。庭園外の山や樹木、竹林などの自然物等を庭園内の風景に背景として取り込むことで、前景の庭園と背景とを一体化させてダイナミックな景観を形成する手法です。この借景も、「紅葉借り」という単語から、寺そのものに「自然のものや他人の物、神の物を寺のものとして独占しない」という宇宙観があり、その宇宙観に基づいて作っているために、紅葉も「狩る」のではなく「借りる」形になってくるのです。しかし、漢字を変えても行っていることは同じで、安土桃山時代に建立された京都の高台寺などは、計算された紅葉の配置で、まさに安土桃山時代の絢爛豪華さと、京都の風流さ、そして寺院の静けさを併せ持った名所として知られています。ちなみに、高台寺は、豊臣秀吉の正室寧々が隠居所として住んでいたところです。

このように、日本人は紅葉を特別なものとせず、神様が採み出して人間に残してくれた美しいものとし、その神様の置き土産を愛でて心の糧にしてきたのです。心の糧にするから「狩る」ことにより、自分のものとして記憶にとどめるのです。このように里の美しさは、里のみんなの物であると同時に、一人一人が自分の大切な一年の思い出として心の中にとどめます。そして、心の中にその記憶をとどめておくことができるから、寒く厳しい冬を耐えて過ごすことができるのです。

冬はこれから中にこもる季節です。一年を締めくくるように山が最も美しい姿になり、今年一年の彩りを決めてゆくのです。紅葉が終わると、そろそろ日本も冬の季節になります。風流なもので、外で遊ぶのも紅葉狩りが一年の最後になります。その最後だからといって悲観的になったり、儚んだりするのではなく、その美しさを心にとめて、また冬の厳しさも受け入れる。その自然とともに生きる心、そして厳しいものも一年の終わりも、すべて美しいものとして感じ入れる。自然を受け入る、いや自然とともにあるその感覚こそが、日本人の生きざまなのではないでしょうか。

第9章　日本人の紅葉を愛でる心から見る自然とともに生きる日本人の心

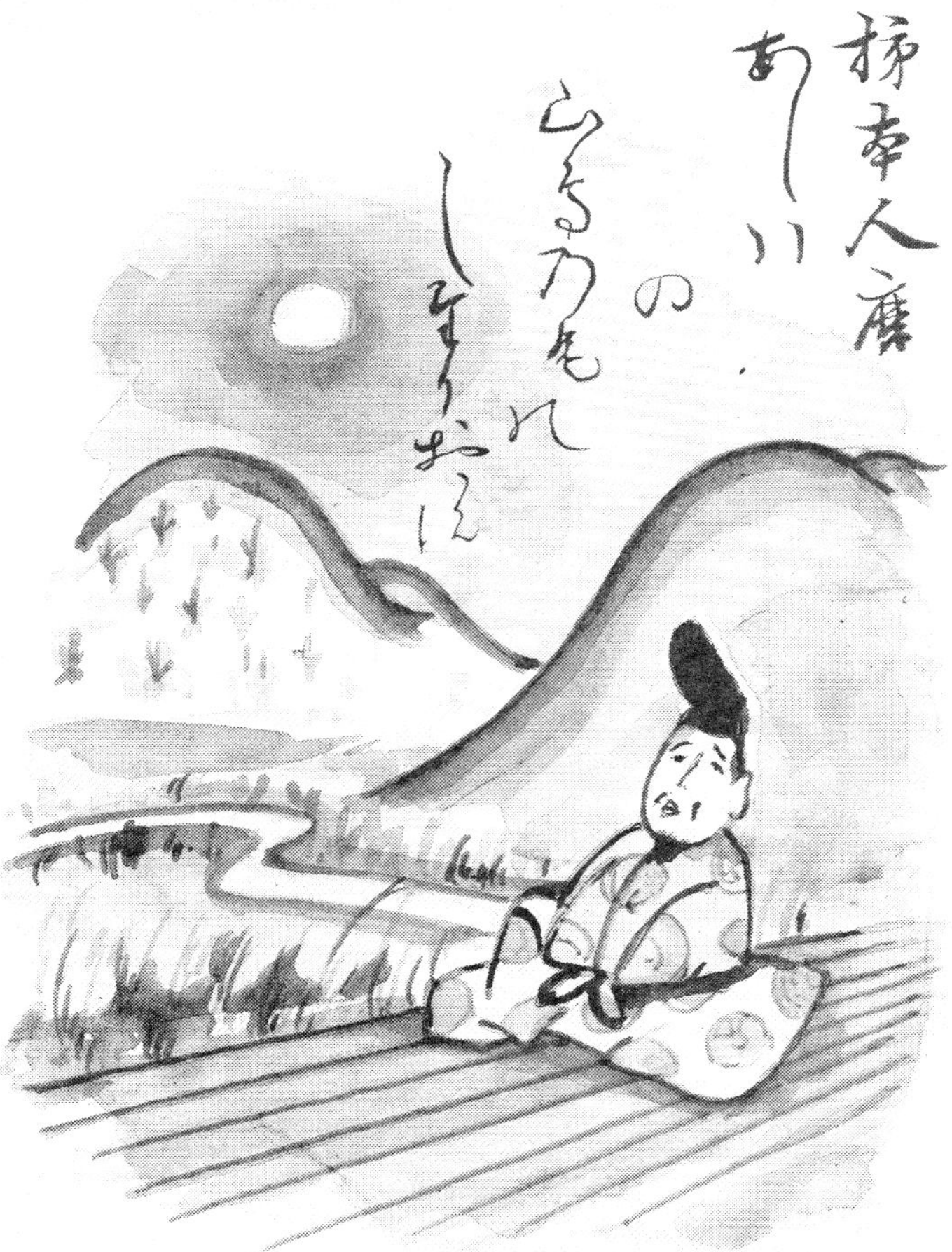

第十章　日本の伝統と魂に描かれた稲作と豊穣の歴史とその神々

一　勤労感謝の日とメーデー

十一月二十三日、「勤労感謝の日」という祝日が日本ではあります。全世界的には五月一日が「メーデー」ということで労働者の日となっています。

そもそも「メーデー」とは「May Day」で、直訳すると「五月祭り」ということになります。もともとは五月に入って夏の訪れを祝う祭りがヨーロッパの各地で催されてきたもので、夏になってこれから頑張るという意味合いで、春から夏への季節の変わり目を祝う、日本でいうと節句のような形で祝われてきた日でした。この日には、各地でワインを開け、食事を豪華に行うというような感じで、ホームパーティーが催されたのです。

メーデーが労働者の日となるのは、一八八六年五月一日に合衆国カナダ職能労働組合連盟（後のアメリカ労働総同盟、ＡＦＬ）が、シカゴを中心に八時間労働制要求の統一ストライキを行ったのが起源といわれています。一八八八年にＡＦＬは引き続き八時間労働制要求のため、一八九〇年五月一日にゼネラル・ストライキを行うことを決定しますが、政府によって弾圧されたり、暗殺事件なども発生してしまい、そのデモが頓挫します。そのために、ＡＦＬ会長ゴンパースは、翌年の一八八九年の社会主義者の国際組織で、当時労働者の国際的組織であった第二インターナショナル創立大会で、ＡＦＬのゼネスト実施に合わせて労働者の国際的連帯としてデモを行うことを要請し、そして、これが決議されることになります。決議された翌年一八九〇年の当日、ヨーロッパ各国やアメリカなどで第一回国際メーデーが実行されます。国際的な労働者の日としてメーデーが認識され、なおかつメーデーが「労働者の祭」の日とされるのは、この時からになります。

このような成立であるために、中国や旧ソ連など社会主義国ではメーデーは非常に大きな祭りとして、長期の休暇になる場合が少なくありません。しかし、アメリカなどは別に「レイバー・デイ」など、政府が主催する労働者の日を定めています。政治的な意味合いから、国際的というよりは社会主義的、共産主義的な労働者の日の設定に従うのを良しとしなかったのではないでしょうか。ちなみにアメリカでは九月の第一週が「レイバー・ディ」で、夏の終わりを告げる祝日となっています。夏の終わりを告げることが、夏にがんばった労働者のお祭りということになるのです。また、オーストラリアでは伝統的に五月に祝う（五月一日に限らず五月の祝日に行うという感じで決められています）エリアと十月に祝うエリアと三月に祝うエリアがあります。

さて、日本では、特にこのような共産主義とか社会主義というような政治的、イデオロギー的な対抗手段によるものではなく伝統的に十一月二十三日に新嘗祭が宮中行事としてまたは日本全国の神社で行われています。

古代より十一月の下の卯の日（中の卯の日）に行われるのが例でしたが、明治になり太陽暦が使用されるのに伴い「十一月二十三日」に定まりました。大事な行事として飛鳥時代の皇極天皇の御代に始められたと伝えられています。「豊葦原《とよあしはら》の瑞穂の国」の祭祀を司る最高責任者である天皇が、その年にとれた新穀を天神地祇《てんしんちぎ》に供えて、農作物の収穫に感謝するとともに、自らも初めて召し上がれる祭典です。この日は祭日で、全国の農山漁村ではもちろんのこと、それぞれの地方で神社に新穀を捧げ、その年の収穫を神々に感謝してお祝いをしてきました。戦後「勤労感謝の日」となったのちも、新嘗祭は、元々天皇と国民とが一体となって天地自然の神々に感謝し、収穫を喜び合う全国民的な祭典だったのです。

このように、日本の勤労感謝の日は、メーデーが労働者の祭りとされたのと異なり、すでに千三百年以上の歴史を持っている伝統です。当然に、皇極天皇の時代といえば「皇極四年」には、あの有名な大化の改新があった時代です。まだ日本の都が飛鳥にあった時代ですね。時代背景としては、聖徳太子による仏教的な道徳教育と同時に陰陽五行などの中国的な思想が入り、また、冠位十二階で日本の統治機構が出来上がってきた時代です。当然に民衆や国民が主導、現在のような民主主義によるような内容があるはずはないのです。では、この時代にだれに対して「感謝」していたのでしょうか。ここには古代からの日本人の米や稲作に対する考え方が色濃く反映されているのです。そして、その考え方が現代にも通じているのが「勤労感謝の日」

なのかもしれません。

二　新嘗祭《にいなめさい》

新嘗祭は、言うまでもなく、新しく収穫された米を神様に捧げて感謝を表す秋祭りです。その起源は古く、既に日本の神話の中で、天上の高天原を統治しておられ、天皇陛下のご先祖でもある天照大御神自身が、新嘗祭を行っておられたと記されています。その天照大御神が地上の葦原中国《あしはらのなかつくに》に降っていかれる孫の邇邇芸命《ににぎのみこと》に稲を授けられ、これで国民を養いなさいと命じられたことにあります。葦原中国とは、今でいう日本の国のことです。

邇邇芸命は、生後すぐに、天照大御神と高皇産霊神《たかみむすびのかみ》から国土の支配者として天降るようにと命令され、三種の神器を授けられ、猿田毘神《さるたひこのかみ》に先導されて、日向国《ひゅうがのくに》高千穂の峰に降臨したのです。いわゆる天孫降臨の伝説がこれに当たります。木花開耶姫《このはなさくやびめ》を見初め妻にしたのですが、いっしょに奉られた姉の磐長姫《いわながひめ》は醜かったので嫌って妻にしなかったのです。それで姉妹の父大山祇神《おおやまつみ》が呪いをかけ、代々の天皇の寿命が、岩のように永久ではなく、花のように短くなるようにしたのだというのです。もちろん、この子孫が今の天皇陛下になるのです。

邇邇芸命の父は忍穂耳命《おしほのみみのみこと》といい、天照大御神の子供です。邇邇芸命よりも前に葦原中国を治めるように言われますが、いまだ日常が安定していないとして引き返してしまいます。その子供である邇邇芸命はホノニニギノミコトと呼ばれたりもします。この名前の「ホ」は稲穂の穂の意味で、「ニニギ」は「賑わう」とか「賑やか」という意味です。要するに邇邇芸命の本当の呼び名である「ホノニニギノミコト」は稲穂が豊かに実ることを予祝《よしゅく》してつけた名称ということになります。そして、その予祝に対して、天照大御神は「新嘗祭」を行うように言うのです。まさに「ホノニニギ」を行うために必要な「祭」が新嘗祭ということになるのではないでしょうか。

では新嘗祭はどのような儀式でしょうか。宮中の儀式に関しては、実際に見ることはできません。そのために、伝えられたものでうかがい知るものとしなければなりませんが、全国の神社でも行っているので、その神社の祭儀を参考にしてお伝えします。

まず、新嘗祭の一日前に「鎮魂の儀」が行われます。「鎮魂の儀」は、天皇陛下、皇后陛下、皇太子殿下、皇太子妃殿下の御魂を鎮め奉り、ご寿命のご安泰と長久とを祈願する祭儀で、賢所《かしこどころ》構内の綾綺殿《りょうきでん》において行われます。

この「鎮魂の儀」は、『古語拾遺』に「凡そ鎮魂之儀者、天鈿女命《あめのうずめのみこと》之遺跡」とあり、天岩戸の故事を起源とするとされています。大宝令に「仲冬下ノ卯大嘗祭寅ノ日鎮魂祭」とあり、その後制度化されて新嘗祭の儀式の一つとされてきています。このように皇室では、儀式のために前日から身を清め、魂を鎮めて儀式に臨みます。

新嘗祭は、天皇陛下が神嘉殿において、その年に収穫された新穀のお初穂を天照大御神をはじめ八百万の神々にお供えになり、また自らも召しあがる儀式です。皇太子殿下も神嘉殿にご出席になりご拝礼になる。この祭儀を新嘗祭神嘉殿の儀といいます。また天照大御神を祀る伊勢神宮にも勅使を差し遣わされ、内宮、外宮に幣物をお供えになります。これを神宮新嘗祭奉幣の儀といいます。また新嘗祭当日午後二時、宮中三殿に神饌、幣物を奉り、天皇陛下のご代拝があります。これを新嘗祭賢所、皇霊殿、神殿の儀といいます。新嘗祭神嘉殿の儀は、夜中のご祭典であって、「夕の儀」と「暁の儀」からなり、同様な儀式が二回行われます。

陛下は、お告文を奏上されます。陛下が奏上されるお告文には、五穀の豊饒を神々に感謝され、国家の平和や繁栄と国民の福祉をご祈願になられる内容になっています。そしてお告文が終わると、神々にお供えしたものとまったく同じ米のご飯、粟のご飯、白酒《しろき》、黒酒《くろき》などを陛下自らも神々と向かい合って召しあがります。私たちが神社で何らかの儀式に参加した時に行われる「御直会《おんなおらい》」と同じ趣旨であると考えていただければよいのではないでしょうか。神様に奏上し、神様と同じ食事を行うことによって、神様と同化するという儀式の一つです。なお、ここで出てくる白酒とは、いわゆる濁り酒、そして黒酒とは粟や黒米でできたお酒で、「黒」とは言いながらも、真っ黒ではなく、薄い灰色で少し濁っているという感じです。しかし、神様にお供えする白い器の中で、または隣に並べられた白酒に比べて、色が黒く見えることから黒酒といわれるようになっています。

この儀式の間、皇太子殿下は南庇《ひさし》の間の中央の拝座に着いてご拝礼になられています。庭上の幄舎《あくしゃ》におつきになっていた各皇族はじめ参列者は、神嘉殿正面木階下に参進し拝礼します。

このようにして、新穀の収穫を神に感謝するお祭りを行います。天皇の新嘗祭は、この天照大御神のご命令に忠実にしたがっていることの証であり、その恵みに対する感謝の表明なのです。日本の天皇陛下の第一のお仕事は、ご祖先である天照大御神を祀り、稲の豊かな実りによって国家国民が繁栄し、幸福となることを祈られることなのです。

三　新嘗祭から見る「神々との生活の共有」

新嘗祭はこのようにして行われますが、天皇の御代が変わり、新しい天皇の一回目の新嘗祭は「大きな新嘗祭」という意味で「大嘗祭《だいじょうさい》」という祭りが行われます。新しい天皇はどうしても行わなければならない重大な儀式とされてきました。

全国の田、昔は天皇の御領荘園の中から二つを占いで選び、そこでとれた新しい穀を新天皇が天照大御神に捧げる儀式です。神話の中ですが、現在の天皇陛下の先祖である邇邇芸命が、天上界にいらっしゃる祖父天照大御神によって言われた儀式を、新しい天皇が継承することによって、新しい天皇は、天照大御神の魂を引き継ぎ、天皇となる資格を身に着けるといわれているのです。まさに伝統の継承です。

これは、宮中だけの儀式ではありません。天照大御神をお祀りする伊勢神宮でも、またそのほかの神々をお祀りする日本の神社においても同じ趣旨のお祭りが行われます。これは、「神嘗祭《かんなめさい》」といいます。

実は、今年(注)話題になった伊勢神宮の式年遷宮も、この神嘗祭の大きなものなのです。式年遷宮といえば、建物の建て替えと御神体、特に三種の神器の移動ばかりが有名ですが、本来は、天照大御神に伝わる日本の神々に関する考え方が色濃く流れているのです。

日本人の場合、人間にも神や精霊が宿っていて、そのものが何もなければ力を発揮すると考えられていました。世界、というか当時の場合は、日本ともならず村や国とよばれる小さな世界ですが、その世界が不幸に見舞われたりあるいは思い通りにいかないということになると、それは、自らの神々や自らの身体が悪い気や悪い霊に穢されているためと考えていたのです。

たとえば「障り」という単語があります。うまくいかない場合に「差し障り」など「差し支える」という意味で使う単語ですが、これは悪い霊が「触る」事によって良い方向に行くことの「障害になる」という考え方から、このような言葉になっています。日本語の中には、このように、神々の考え方から出てきた言葉がたくさんあるのです。

天照大御神を祀った伊勢神宮は、毎年毎年、日本国全体、場合によっては世界全体の平和や五穀豊穣、繁栄や幸福を祈願している間に、どれだけ穢れを払っていても、どうしても穢れがたまってしまう。そのために、そのたまった穢れを落とすという意味で、神殿ごと建て替えてしまい、神様が引っ越すということになります。そのように引っ越すことによって、穢れのない新たな神殿で新たなパワーを発揮するということになるのです。

そして、その新しくなった神殿に神様がお移りになった後に新穀をお供えし、新たなお祈りを捧げるということになります。まさに式年遷宮は、「大嘗祭」ならぬ「大神嘗祭」ということができるのかもしれません。

単純に「式年遷宮」として神様がお移りになられるところばかりが注目されていますが、本来の神様の意味や、神様の儀式全般を考えれば、新たな神殿でお供えをし、神様が、新たな神殿に落ち着かれ、新たな力を発揮されるということが重要です。その最も重要な儀式を知らないでお引越しばかり注目するのはいかがかと思います。

さて、逆に言えば「新穀をお供えする」ということは、それだけ重要な内容になります。まさに「神様と一緒のものを食べる」という行為が非常に神聖なものであるとされ、同時に神様に食事を差し上げるということに関して非常に大きな力があるとされているのです。まさに、日本人は「食べる」という行為を、非常に神聖なものとして大切にしてきました。その食べる行為の元である穀物の五穀豊穣を祝うものですから、当然に、新嘗祭が日本国において、もっとも神聖な、そして最も重要なお祭りであるとされるのです。

しかし、毎日食事をしているわれわれにとって、「食べるということが神聖な行為」と突然言われても、あまり感じないかもしれません。そこでまず簡単に、食事に関する現代にも生き残っている意識を考えてみましょう。

たとえば、「同じ釜の飯を食った」というと、「非常に親しい仲間」であるという感じになります。これは、「食事を一緒にする」ということではなく「生活を共にする」という意味になり、もっといえば、その人の内面の部分まで共有しているということになります。食事にもすべて神が宿っているという感覚があり、「同じ釜の飯を食った」ということは「同じ神を共有している」ということであり、その内容は「同じ常識を持っている」とか「同じ生活習慣を持っている」ということになるのです。

新嘗祭または神嘗祭は、この同じ言い方をすれば、「天照大御神と同じ飯を食った」ということになります。これは「天照大御神と生活を共有している」または「天照大御神と同じ生活習慣を共有している」ということにほかなりません。そのことによって、日本を平和に保つということに関して、天照大御神がいらっしゃる天上界と生活を共有し、同じ考え方、同じ生活常識で日本の国を統《す》べるということを意味しています。

当然そのために、「天上界」または「天照大御神」と現在の日本をつなぐ儀式があり、それが新嘗祭であり、また全国の神社で行われる神嘗祭になるのです。「食べる」ということには、単純に栄養を補充することだけではなく、その同じものを食べた人々との生活の共有や習慣の共有という意味合いがあるのではないでしょうか。これは洋の東西を問わず、すべての人にある感覚のようです。例えばキリスト教においても、「最後の晩餐」などから由来する、洗礼の時にパンを食べる儀式があります。また、古代ペルシャの精霊信仰では、日本と同じように農作物の生育などに関して、神々の信仰の儀式がありました。これらに関しても、神々と様々なことを共有するということで同じような考え方になっています。その古代ペルシャの精霊信仰の影響を受けた仏教では、「解脱」「悟り」というように、自らが修行して仏の道に進むことに価値を見出しています。

神々または仏との習慣の共有ということは、まさに、すべての宗教で行われているといっても過言ではないことであり、そのことによって、ある程度の力を持つことが可能になるのです。

四　食べるという行為の共通性と違い

さて、「食べる」ということがこのように宗教的な儀式になるということに関しては、各国で共通性があります。しかし、キリスト教では「パン」や「ワイン」であり、日本では「新米」もしくは「酒」が用いられます。この違いはいったいなんでしょうか。

これは西洋と日本の生活習慣に非常に関係があります。西洋では、狩猟による肉食が通常でした。西洋の神々はキリスト教であっても、それ以前のギリシア神話に出てくる神々であっても、狩猟した獲物とともに食べるパンが主食になっています。食文化がこのようになっていますから、狩猟した獲物を象徴する「血」要するに「ワイン」と、主食であり大地の恵みである「小麦」からできる「パン」が、共有する食文化ということになります。一つのパンを分け合うことによって、そのパンを作る工程から、パンが焼けるまでの熱の入れ具合などを共有できます。まさに日本流でいえば「同じ釜で焼けたパンを食べた仲」ということになるのでしょうか。これは「神々からの恵み」を分け合うということが一つの内容になります。

一方、日本の場合は少し様相が異なります。米が主食でありなおかつ日本は農耕民族で稲作を中心にした農耕が中心であったことから、当然に稲そのものが神々からの恵みのものという感覚があったと思われます。キリスト教のパンと同じ意味合いが「新米のご飯」には込められていたのではないでしょうか。しかし「酒」は同じでしょうか。

日本の神社の儀式には、必ず「酒」があります。「サ」とは稲の神の古語で、「ケ」とは「餉」という字になり、「朝餉」などという意味で使われます。このことから「酒」は「神様の食事」という意味になります。三々九度などで口にする酒は、まさに神様の食事を一緒に頂くことによって、神々と同じものを食べるという意味になるのです。ワインは、獲物となった獣の血を表すものでしたが、日本の場合は、神様の食べ物をおすそ分けしてもらうということになります。ではなぜ「酒」が「神様の食べ物」なのでしょうか。

一つには、その材料が米であるということです。米は稲から作られます。イネの栽培の歴史は古く、紀元前十二〜十三世紀頃の最古の文献『リグ・ヴェーダ』にイネ(vrihi)のことが書かれています。イネが栽培された当初は、おそらく山地・丘陵でアワ、ヒエ、キビなどの雑穀類とともに混作されており、その後、イネだけが独立して水田で栽培されるようになったものと思われます。稲の起源はメソポタミア文明の中心であった「肥沃な三日月地帯」といわれるチグリス・ユーフラテス川の中流あたりで、古代ペルシャの精霊信仰と一緒に日本に稲が伝わってきたのではないかといわれています。稲は様々な品種改良が古代から行われてきています。それでは日本人が三千年間もの長きにわたって利用している米、ジャポニカ種の祖先となるアジアイネの原産地は、いったいどこなのでしょうか。現在最も有力なのが、中国の長江中・下流域とする説です。すでに紀元前五千年、浙江省河姆渡《かぼと》遺跡から、炭化米や稲穂の文様を描いた黒陶などがみつかっています。「イネ」という音も、「殷」という中国の古代国家の名前からきているというような説があります。色々な説がありますが、日本の稲は、日本に来てからも様々に品種改良され、日本の文化に適合したようになってきているのではないかと考えられます。

もう一つには、「稲」と「精霊信仰」が一緒に伝わってきたということがあります。同時に、稲はその栽培の時に山から流れてくるきれいな水が必要です。そして太陽が必要で、土も肥えていなければできません。要するにいずれも自然の世界のものです。太陽は、そもそも光という闇を照らすものとして存在しています。そして光そのものが神々の力の一つであるとされています。日本の場合は、その太陽の神が天照大御神として天皇陛下の先祖ということになっています。また、山の神の上から流れてくるものが水です。山の神は女性であるとされており、天照大御神も女性であることを考えれば、いずれも「生む力を持った神々の力の結晶」として「稲」があるのです。

稲は、はじめのうちは、土の栄養分を吸収し太陽と水の恵みで育ちます。この時はまだ「緑」の色です。稲が育ってくると米を実らせて頭を垂れます。稲を作るにあたってかかわったすべての神が、稲の養分とともに米の中に入り込み、神々の重さで稲が頭を垂れると考えられていたのです。そして稲がすべて「黄金」になり、水田の風景全体が金色に輝くようになるのです。まさに、稲そのものが「太陽と同じ色」になるということで、その神々が、天照大御神を中心にした天上界の食べ物へと変化したことを意味するのです。

酒は、その神々が宿った米を発酵させ、そして蒸留して、液体にしたものです。もちろん、作るにあたって、再度水を加え、そして木の樽など森の恵みを受けて、神々が宿った米が形を変えたものです。通常の米だけでも、様々に手が加わりそして神々の恩恵を受けているのに、それ以上の手を加え、神々が神の食するような役割に形を変えたものが「酒」ということになるのです。そして昔は、酒をお供えしていると蒸発などして酒の量が減ったりすることによって、「神々が召し上がった」ということを考えたのでしょう。

さて、ワインと酒は同じような意味合いであっても、その根底の部分は異なります。西洋では神々の恵みを人間がわけるということになるのに対して、日本の場合は神々と同じものを食べるという意味になるのです。人間が神々に同化し、そして神々と一緒になって国を治めるという感覚、または結婚式などでは子供を作り育てるというような神の領域に及ぶことを、三々九度を行う男女が行うということになるのではないでしょうか。

神々と同じものを食べる、それは神々が作った食材に、人間が手を加えて食べる。その食べたことによって人間の命が維持され、そして成長してゆくことになります。そのことが「いた

だきます」「ごちそうさま」という挨拶、そして「五穀豊穣の祭り」「収穫祭」というように、神々に感謝しながら、その神々と一緒になって食材を作った人々にも感謝するということではないでしょうか。

五　「食文化」と「包丁式」と「神々の儀式」

古来日本人は「食べる」という行為を、神聖なものと捉え大切にしてきました。日本の神道の祭式は、その多くは祝詞《のりと》をあげることと、食事や酒宴を儀礼化したものであるともいえます。日本人は、食事を通じて神の存在を感じ、神々から与えられた恵みに感謝し、自らとそして稲や魚など食材となるものの命の大切さを思い、それらの命をいただいて生きているという謙虚な気持ちを示すことによって、新たな恵みを神々に祈願するということを行ってきているのです。

昔の人は「コメの中には七人の神様がいる」という言い方をしていました。そのようにして食べ物を粗末にすることを強く戒めていました。食材すべてがそうですが、人間がそのものを食べるということは、動物や植物の命をいただいているということです。その命をいただいているということに感謝しなければなりません。

第五十八代光孝天皇は、非常に料理が好きで、自ら料理の素材を採取し、自らかまどの前に立ち、そして料理の腕を振うほどの天皇でした。

君がため　春の野に出でて　若菜摘む　我が衣手に　雪はふりつつ

という和歌は、小倉百人一首に収められており、光孝天皇が自ら雪の中へ料理の素材を取りに行ったことを詠じた御歌、有名な「若菜摘み」です。いつも料理と料理の研究をしていたため、光孝天皇の御部屋は、料理のために使うかまどの煤で黒光りするくらいになっていました。そのために、光孝天皇は別名「黒戸の宮」といわれるほどであったといいます。

光孝天皇は、ご自分が料理を行うのに際し、さまざまな命を奪っていることに心を痛めていること、とはいえ、人間も食事をしなければ生きてゆけないということを相談し、その上で、食べ物に使われる素材のすべての命に感謝を、そして祈りをささげるという意味において、俎板《まないた》庖丁捌《ほうちょうさば》きの掟を定めるように四條中納言藤原朝臣山蔭卿に命じたのです。そのようにしてできたのが、現代も四條司家四條山蔭嫡流第四十一代当代によって伝えられている「包丁式」です。包丁式は、陰陽五行や仏教など様々な思想によって、神々と食材となった命に対して食材と感謝の意を表し、そして、そのことによってより発展するような儀式を神々に捧げるものなのです。平安時代からある日本食の文化の中にはこのような思想があり、それが庶民の生活にも伝わることによって食文化が形成されているのです。

しかし、現代では、食事はせいぜい人と人との交流の場にすぎなくなり、自分の存在の根源や背景に思いをいたすという意味合いは大変薄れてきてしまいました。それどころか、最近ではインターネットの発展や住環境の都市化によって人間どうしの交流さえも希薄化し、家族ばらばらで食事をするという家庭も珍しくないようです。少々前は、近所で醤油を貸したり多くできたおかずを分け合ったりしていた日本人が、現代では、隣に住んでいる人の顔も知らない、家族で食事をすることは年に一回しかないなど、信じられないような話を聞くことがあります。

今年（注）、ユネスコの世界遺産に「和食」が登録されるといいます。そして勤労感謝の日として今年も新嘗祭や神嘗祭が行われます。伊勢神宮の式年遷宮の年に、このような日本の文化や思想が世界遺産に登録されるというのも何かの縁ではないでしょうか。もう一度その主役であるはずの日本人が、和食や日本食に関して考え直してみてはいかがでしょう。

（注）　「今年」とは、執筆した二〇一三年を指す。

第十一章　新しい年を迎える準備で先生も走る「師走」の風物詩

一　「シワス」は「年ハツル」時でありめでたい時

一年で十二月のことを師走といいます。「しわす」と読みます。昔の言い方で十二か月のうち月という漢字がついていないのは、弥生（三月）と師走（十二月）の二つの名前だけになります。「弥生」というのは弥（いよいよ）、生（茂る、生える）ということで、草花などが芽を出し生い茂る「春」の季節の到来ということがこの月の呼称になったのです。では「師走」はどうしてそのような呼称になったのでしょうか。

もともと、十二月のこの時期のことを「シハス」と呼称していたようです。

十二月《しはす》には　沫雪降ると　知らねかも　梅の花咲く　含めらずして（巻八－一六四八）

と『万葉集』にあり、この頃にはすでにこの月のことを「シハス」と呼んでいたことがわかります。『日本書紀』には「十有二月」と書いて「シハス」と書いてあります。この「シハス」の語源は今のところよくわかっていません。諸説あるのですが、『日本書紀』や『万葉集』の時代に先生がいるということも少ないので、少なくとも「師走」という漢字は、近代になってつけられたものであるようです。実際に「師走」という表記は元禄時代頃から使われており、ちょうど江戸の文学が最盛期であったときに、言葉遊び的に世相を表現したものであろうと考えられています。

現在有力であるのは、年果つ（一年が果てる、要するに一年が終わる）で「トシハツ」、または四極（四季が極まる、要するに四季が果てる）で「シハツ」、または為果つ（なすことが果てる、要するに今年一年でやるべきことが終わる）で「シハツ」という単語が語源ではないかといわれているのです。要するに、一年の終わり、または四季の終わり、または為すべきことの終わり、ということで、この呼称が使われていたのではないかと考えられているのです。よくはわかりませんが、たぶん、この三つのすべてが「シワス」といわれたことの語源ではないでしょうか。

ここで「果てる」という単語を使い、終わるという漢字を使わなかったのですが、このことを少し解説してみましょう。「果てる」というのは、一定期間続いていたことが終わるということです。終わりというと、そこですべてが終わってしまうという感じで、続きがないということになりますが、「果てる」という単語は、「一度終わってもう一度次につながる」という意味があるのです。植物が育った時の一つの終わりは「果物」です。まさに、植物の最盛期が「花と葉」であるとすると、その一連のつながりの終わりが「果てた物」要するに、「果物」になるのです。ですから、一年で植物そのものの寿命が終わってしまう稲などに関しては、「果物」とは呼ばず、多年草または多年樹木の実を「果物」と呼ぶのです。

一年も、そこで終わってしまうのではありません。当然に来年を良い年で迎えなければならないのです。そういう意味を込めて次の一年につながるという意味で、一年が終わるではなく「一年が果てる」という言い方をしていたのです。このようになったのは、「ハテル」という音が「ハツ」要するに「初」や「発」という音と似ているということと無縁ではないのではないかと考えられています。新たな年の初まり、新たな年の出発の前に、「ハツル」という言葉を使うのです。これは、我々が宴会が終わるときに、「終わり」と言わず「お開き」という単語を使うことと似ているのではないでしょうか。ある意味で「ハツル」ことは、無事に一仕事終えたという意味であり、次の期間の始まり、新たな門出の直前という意味で「めでたい」という感覚を持っているのです。

二 「師」が「走る」という漢字があてられた江戸時代の世相

日本人の悪い癖で、語源というものにおいて「これが語源である」とすると、「他のものはニセモノ」としてしまい、無視してしまう習性があります。もちろん、日本人の本物を求める探究心というのは、このようなところで形作られ、そのために日本は発展してきたのであると思います。

しかし、言葉や文化というものは、その時の世相を映す鏡です。当然に言語や言葉は、本来の意味ではなく、いつの間にかその文化やその時の世相を反映して変化してゆくことになります。つまり、「シワス」が本来「年果つ」であったとしても、それが元禄の時代に「師走」という漢字があてられた背景が、そこに存在するのです。つまり江戸時代の世相としては十二月は、「一年が無事に終えてめでたい」という感覚ではなく、「師が走らなければならない」というような年末に変化していたということになります。そこには時代の差や、この言葉を使っていた人々の感じ方が変わったということがあるのではないでしょうか。では、江戸時代の「師走」はどんな感じだったのでしょうか。

師走とは「師馳月《しはせづき》」なのだそうです。これは、「一年が無事に終わりました」という「年果てる」という感覚で、それがめでたいということから、そのことを先祖に感謝し、祖先霊を弔うようになったのです。現在でも、新しい年を迎えるにあたって、先祖のお墓を掃除する光景を見ますが、それはまさにこのような習慣から、祖先の霊のいるところもきれいしましょう、ということなのです。これは、「年果てる」と言っていた奈良時代や平安時代では貴族の風習であり、その貴族は、都の周辺に寺院が山ほどありますから、その寺に行って一緒にお経を唱えたり護摩をあげたりしていました。今年も、テレビで年が変わるときに神社仏閣の様子を映すと思いますが、有名な寺院で僧侶が集まってお経を唱えている姿を見るのではないでしょうか。まさにこれが「年果てる」時のめでたい感覚と祖先霊を弔う儀式なのです。

しかし、これが鎌倉室町時代では武士の世界に、そして江戸時代には、庶民の中にもそのような風習を行うようになってくるのです。これでは、お坊さんの人数が足りなくなってしまいます。しかし、その時の貧富の差はあっても先祖の霊や仏様には、貧富の差はありません。そのために、みな平等に行わなければならない。お坊さんは、自分の檀家のすべての家々を忙しく走り回らなければならなくなってしまうのです。普段は、落ち着いて座ってお経を唱えているお坊さんが、この時ばかりは、走り回って檀家を回らなければならない。それも「年果てる」時であるから、新年にかかってはならない。お寺に戻って、寺の仏様にもお経をあげなければならない。その風景を風刺して、「師馳月」、要するに「法師」が「馳せる」月というようなあて字を使うようになったというのです。

このあて字は、まさに、江戸時代になって、数百年前の貴族や武士の風習が、徐々に庶民の世界に移ってきたことを意味します。これは、それだけ庶民が裕福になり、生活にゆとりが出てきた、そして、先祖の霊や一年の風習に関して心を配れるような余裕が出てきたということを意味するのです。庶民に、「年果てる」というような感覚がなかったのではなく、より一層、庶民が自主的に自分たちの風習で物事の呼称を選ぶようになった、自分たちの風習を合わせて、感覚的に理解できるものの方を選ぶようになったということではないでしょうか。

ある意味で、語源そのものとは違いますし、単なるあて字であるといわれていますが、その言葉の変化の中に、日本の文化や日本の庶民の生活の豊かさ、心の豊かさなどが溢れている、生活に密着した言葉の変化ではないでしょうか。

三　「お坊さん」から「先生」へ変わる「師」をめぐる世相

時代の流れとともに、徐々に「師走」という単語が独り歩きし、さまざまな人が走り出すようになります。江戸時代後半から昭和初期までは「師」という漢字の表す通り、自分の師匠、つまり先生が走るということに意味がとらえられるようになりました。「先生」というものは、時代劇などを見ていても、いつも威厳をもち上座に座っているイメージがあります。走っているというのは、威厳に満ち溢れた態度ではありません。あわてていたり逃げたりというのが走る原因になるのですが、本来、先生であれば、走ったりせず、事前にすべて準備をしているというイメージがあるものです。その先生が走らなければならないというのが年末であるということになります。

最近では、先生が走るといってもあまりイメージがわきません。そもそも威厳に満ちた先生が、少なくなってきているのかもしれません。お坊さんは、走るどころか、袈裟を着たままバイクに乗っているような方もいるので、世相がかなり変わってきてしまったのかもしれません。語源ではないかもしれませんが「師走」という漢字をあてたことによって、昔の先生やお坊さんの威厳や普段の日常を垣間見ることができるのです。

逆に、このようなあて字が庶民の間で流行し、使われるようになったというのは、同時に、「お坊さん」よりも、「先生」に対する年末のあいさつということが徐々に定着したということもあるのではないでしょうか。江戸時代も末期になると「よみ・かき・そろばん」が町人から農民まで多くの人ができるようになり識字率は非常に高くなってきていました。それだけ、町人の間にも「先生」という存在が大きくなったといえるのではないでしょうか。同時に、現在も日本に残る「お歳暮」などの習慣が発生するのも、この時期です。お世話になった人に、今年一年の感謝をこめて品物を持ってあいさつに行くという風習が、遠方の人に対して挨拶状と名物を送るという習慣と合わさったのがお歳暮です。お世話になった「師」にあいさつ周りをする。それは、先生であっても同じだったのでしょう。民間の先生は、自分の先生にあいさつに行かなければならないし、自分の生徒のあいさつを受けなければならない。それはそれは、さぞかし忙しかったのではないでしょうか。

いずれにしても「普段は走らない人」が「走る」という意外性があり、普段は走らない人も走るほど忙しい、またはあわてなければならない事情があるというのは江戸時代以降の面白さではないでしょうか。普段は威厳に満ちて「面白くない」と思っている先生の態度も、このようなときに季節の名前として「意外性」を表現し、そのうえで、「自分たちと同じ部分もあるんだ」という意識が身につくことによって、また一つ地域社会が、笑いや風刺の中で一つにまとまっていたのではないでしょうか。

現在では、先生が走るなどというのは当たり前になってしまっていますし、先生に対する尊敬の念などというものが徐々に薄れてきてしまっているかもしれません。逆に「師走」という単語もあまり使わなくなり、年末というのにクリスマスのイルミネーションばかりが目立つようになってしまいました。もちろん、それが世相の変化であり、「年果つ」が「師走」に代わってゆくのと同じように、時代の流れなのかもしれません。江戸時代には認められなかったキリスト教のお祭りを、日本人は宗教と関係のないイベントとしてとらえるようになっています。このような現象も百年のちには、このように分析されるようになるのかもしれません。

四　烏と師走と神の使い

このような「師走」という漢字があてられることによって、先生ですら走ってしまうほど忙しい、あわてなければならないということが、社会的に許されていたことになります。では、「あわてなければならない事情」とはいったいなんでしょうか。

何にこの　師走の市に　ゆく烏《からす》　　松尾芭蕉

という句があります。松尾芭蕉の句の中で「師走」という季語を使った俳句として有名なものです。「カラスが師走で賑わっている市に行こうとしている。このカラス何のために人ごみめがけて出かけていくのだろうか」という意味で、カラスに見立てた芭蕉自身が、本来ならば世俗を断ち切って俳句の世界にいるはずなのに、人ごみの中に入ってゆくという、師走ならではの世俗と自分の間の関係が変わってくることを詠んでいる句です。さて、この俳句、なぜ「烏」なのでしょうか。

ここで突然ですが、上方落語の古典落語中に「三枚起請」というものがあります。最近ドラマでも話題になったのでご存知の方がいるかもしれません。

ある男が花魁に騙された。もう一人の男も騙されたという。どうしてだまされたかと聞けば、『年季が明けたらきっといっしょになる、神に誓って心変わりしない』という起請文も取ってあるらしい。「何々……【一つ、起請文のこと。私こと、来年三月年季があけ候えば、あなたさまと夫婦になること実証也。新吉原江戸町二丁目水都楼内、喜瀬川こと本名中山みつ】」相談を受けた隠居も同じ文面の起請文を持っていた。騙されたと思った男がこの花魁を連れてくる。そうすると、「大の男が三人も寄って、こんな事しか出来ないのかい。はばかりながら、女郎は客をだますのが商売さ。騙される方が馬鹿なんだよ」と言い負かされてしまう。ご隠居が、「昔からよく言うだろ？　『徒《いたずら》な起請を一枚書けば、熊野の烏が三羽死ぬ』ってな」というと、「三千世界の烏を殺し主と朝寝がしてみたい」といって開き直るというオチです。このように書いてしまうと面白くもなんともありませんが、噺家さんの軽妙な話は、騙された男の滑稽さと花魁のしたたかさで、非常に面白い話です。

さて、この最後のオチである「三千世界の烏を殺し主と朝寝がしてみたい」は、高杉晋作が酒席で酔狂に作ったという都々逸が由来となっています。要するに高杉晋作の時代には、その前の「徒な起請を一枚書けば、熊野の烏が三羽死ぬ」という格言がすでに定着していたことになります。

これは、烏がその色から「神の使い」と考えられていたことに由来します。烏は真っ黒で何の色にも染まりません。そのために、世俗の垢に染まったりほかの色に染められることなく、自分の判断で神の使いを行うことができる、だから烏は町の中にも平気で入っていて、何かがあれば、「カア、カア」と鳴いて神に知らせているというのです。そのように考えると、烏にかかわることは「不吉」とはいえ、多くは「人間の生死」にかかわることが多いことにお気づきでしょうか。たとえば、頭の上で烏が輪を描きながら三回鳴いたら、その人は死ぬ、などという迷信がありますが、まさに、烏がその人の魂を神に知らせているというような感覚になっていたのです。

「烏は神の使い」という考え方は、特に熊野神社だけのものではありません。たとえば、広島の厳島神社の宮司は、烏が決めます。これは宮司となる候補が、それぞれ烏の餌を作り、選挙の日に一人ひとり船で海に出て、その餌を出す。一番初めに烏が飛びついた餌を持った人が次の宮司になるということです。まさに、神の使いである烏が一番初めに信用し、その人の食を神の使いである烏が共有したことが、神の世界にもっとも近く、そして信頼された人ということになります。

このように、日本では古くから「烏は神の使い」というように考えられていました。昔の人は、起請文とは「神に誓って約束を果たす」ということを描いたものですから、いたずらや嘘で神様の約束をすると、神様にうその報告をしたということで、その使いである烏が三羽、罰が当たって殺されてしまう、ということになります。このように考えると、神様も厳しいですし、神の使いである烏もなかなか大変なのだと考えてしまいます。

「三千世界の烏を殺し主と朝寝がしてみたい」とは、まさに「烏は神の使い」ということから、

神様の使いをすべて殺してしまい、不貞なことをしたい、要するに、それほど罰当たりなことでも、仕事を怠けてゆっくり休みたいというようなことなのでしょうか。幕末の志士も、三枚起請に出てくる花魁も、世俗の中においてなかなか大変な毎日をおくっていたのかもしれません。

五 「師」はなぜ走らなければならないのか

さて、烏からもう一度松尾芭蕉の俳句に戻ってみましょう。

何にこの　師走の市に　ゆく烏

烏は日本の場合、どんなに寒くても町の中に必ずいる鳥です。まさに、この句でうたわれたもう一つの意味は、「師走で一年の総決算の時、神の使いである烏が何を見てどんなことを神に報告するのであろうか」というような解釈も存在します。その中において考えれば、「神様が見ている前で恥ずかしくないようにしっかりと新しい年を迎える準備をしなければならない」ということになります。単純に「新しい年を迎える準備」とは、まず「今年の総決算をして今年の垢を落とす」ということ、もう一つは、「すべてをきれいにして、新しい年を新しい形で迎えるように準備をすること」ということになります。まさに、「今年のこと」と「来年の準備」を一緒に行わなければならないということになります。

今年やり残したことがないように、そして、今年のためだったことは反省し、よかったことは世話になった人や神様、そして先祖にお礼をするということが、「今年のこと」ということになります。お坊さんが走らなければならないということは、「今年の感謝、そして来年もよろしくお願いします」という気持ちを伝える役目を各家庭で行わなければならないということになるからです。

一方、新しい年というのは、日本人の場合「新しい年の神様」というような感じで考えています。これは日本人が稲を中心にした文化を育んできたために、稲のように毎年苗から稲穂までの期間育つということになります。種もみということで継続はしますが、しかし、それが育つ過程はまた新たな年が行うということになるのです。

神様は、非常にきれい好きですし、穢れたものを嫌います。また暦は、毎年毎年、新しくするものです。そこで、新たな一年として、暦を新しくするときに、そこが穢れていては神様が福を持ってこなくなってしまいます。とはいえ、家などを毎年建て替えることはできません、伊勢神宮でも二十年に一度しか式年遷宮をしないのですから、人間が毎年家を変えることはできません。そこで、神様が来てもよいように、いつ福の神が来ても長くいていただけるように、人間は家の中を掃除し、毎年伝えてゆくもの、そして新しくするものをわけて、きれいにするのです。

暦を新しくするのは、日本では、というよりは農耕民族の間では、太陽と月、そして、農作物の成長の季節を知るためということになります。その意味で、日本では伊勢神宮、要するに天照大御神を中心にした八百万の神々すべてに、一年の感謝の意を示し、そして新しい「暦」を迎えるために、きれいにするのです。

本稿は、一般社団法人全国日本語学校連合会のＨＰで二〇一三年二月から二〇一三年十二月に掲載したものを加筆・修正したものです。

振学出版目録

風雪書き

鎌田　理次郎

戦後日本人が失ってきたものは何か？身近にあって気づかないが、なくしてしまうと大変なものを、今一度見直してみませんか。

定価（本体１０００円＋税）

わすれもの、日本

鎌田　理次郎

冷戦が終了し、新しい段階に入った世界の中で、日本は何を目指したらよいのか。日本人としてのアイデンティティを問う。

定価（本体１５００円＋税）

日本人の生き方

「教育勅語」と日本の道徳思想

坂本　保富

日本人は、これまでいかに生きてきたのか、そして今をいかに生きるべきなのか。問題定義の書。

定価（本体１４２９円＋税）

鏡の中の私を生きて

―悩み迷える研究的半生

坂本　保富

研究の世界を一途に生き、「鏡の中の私」と共に歩いてきた波乱に満ちた半生を赤裸々につづった自叙伝。

定価（本体１３００円＋税）

留魂録

藤原　岩市

アジア解放のために尽くした大日本帝国陸軍特命機関Ｆ機関長藤原岩市少佐の最後の回顧録。

定価（本体５０００円＋税）

歴史紀行
ドーヴァー海峡

東　潔

ドーヴァー海峡を挟んだ永遠のライバル、イギリスとフランスの民族と宗教、そして戦いの歴史を紀行する。

定価（本体２０００円＋税）

スペイン歴史紀行
レコンキスタ

東　潔

中世イベリア半島を舞台に、８００年にわたって繰り広げられた、カソリックとイスラムによる「文明の挑戦と応戦」＝レコンキスタ。その歴史との対話。

定価（本体１７４８円＋税）

女子大生ちあきの頑張れ（アジャアジャ）！
―韓国交換留学

山崎　ちあき

普通の女子大生が、未知の世界である韓国に行った！その楽しく微笑ましい経験を、等身大で伝えた留学記。

定価（本体１２００円＋税）

【著者略歴】

宇田川　敬介（うだがわ　けいすけ）

昭和四十四年生まれ。中央大学卒。ジャーナリスト。

政治、経済、国際関係などを中心に、特に人物や民俗性、地域性を考慮した論説を行う。政治などの傍ら、雑誌または雑誌のＷＥＢサイトなどに、昔話や童話の民俗的または神話などから紐解いた解説の連載を行う。

著書に、中国人の民俗性と歴史から現代の中国を書いた「２０１４年、中国は崩壊する」（扶桑社）、「庄内藩幕末秘話」（振学出版）など。

日本文化の歳時記

平成二十七年一月二十日　第一刷発行

著　者　宇田川　敬介

発行者　荒木　幹光

発行所　株式会社　振学出版
東京都千代田区内神田一 - 一八 - 一一
東京ロイヤルプラザ一〇一〇
電話　〇三 - 三二九二 - 〇二一一
URL http://www.shingaku-s.jp/

発売元　株式会社　星雲社
東京都文京区大塚三の二一の一〇
電話　〇三 - 三九四七 - 一〇二一

印刷製本　株式会社　洋光企画印刷